ORDNUNG
SCHAFFEN

»Wie ich durch *Ordnung* mein Leben auf den Kopf stellte und mein *Alltag* aufgeräumter wurde«

Von Jennifer Gerbrand
@freiraum_ordnung

Inhalt

5 Hallo, du lieber Mensch!

6 Das Bedürfnis nach Ordnung

8 Mehr Leichtigkeit durch Ordnung

10 Was treibt dich an?

12 Kommunikation in Partnerschaft und Familie

14 Wie deine Glaubenssätze dich blockieren können

16 Bye bye, Perfektionismus!

Kapitel 1 Sichten und ausmisten

20 Warum deine Ordnung nicht lange hält

22 Die Grundordnung als Basis

24 In vier Schritten clever aufräumen

26 Wenn alles zu viel ist, ist weniger mehr

28 Wie das Loslassen dich befreien kann

30 So gelingt dir das Ausmisten

32 Schluss mit Ausreden!

33 Bleib fokussiert

35 Wohin mit dem ganzen Zeug?

Kapitel 2 Ordnung machen

40 Wenn du nicht weißt, wo du anfangen sollst

44 Wohlfühlatmosphäre für dein Zuhause

46 **Problemzone:** Küche

50 **Problemzone:** Wohn- und Essbereich

52 **Problemzone:** Eingangsbereich

54 **Problemzone:** Schlafzimmer

56 **Problemzone:** Kleiderschrank

60 **Problemzone:** Kinderzimmer

66 **Problemzone:** Badezimmer

68 **Problemzone:** Arbeitszimmer und Papierkram

72 **Problemzone:** Keller/Dachboden/Garage

Kapitel 3
Ordnung halten

78 Hinterfrage dein Konsumverhalten

86 So bekommst du den Haushalt in den Griff

88 Mach den Haushalt zur Routine

95 Entlastung durch Haushaltsplanung

- **96** Dein Basisplan
- **99** Dein Zonenplan

116 Spontaner Besuch im Anmarsch?

118 Vergiss die Selbstfürsorge nicht

121 Nachwort

123 Über die Autorin

Alle *Checklisten* und *Pläne* in diesem Buch kannst du unter **www.topp-kreativ.de/digibib** nach erfolgter Registrierung herunterladen, ausdrucken und so oft du möchtest verwenden. Den Freischalte-Code findest du im Impressum auf Seite 128.

Hallo, du lieber Mensch!

Ich bin Jennifer und wohne mit meinem Mann und unseren zwei Töchtern in einem Häuschen in Nordrhein-Westfalen. Ich arbeite als Ordnungscoach und bin als Mama von zwei Kleinkindern mit dem täglichen Spagat zwischen Familie, Job und Haushalt absolut vertraut. Die Liebe zur Ordnung steckte schon früh in mir drin. Bereits als Dreijährige liebte ich es, meine Bücher und mein Spielzeug nach Größe, Farbe oder Kategorie zu sortieren. Eine richtige Struktur war bis vor einigen Jahren allerdings nicht dahinter.

Als ich dann das erste Mal Mama wurde, brach plötzlich das Chaos aus. Ich kam nicht mehr hinterher, fragte mich, wieso es andere schafften, nur ich nicht. Wenn mein Baby schlief, wollte ich loslegen, wusste aber nicht, wo ich anfangen sollte. Das führte zu viel Frust, ich fühlte mich nicht wohl und wurde antriebslos. Es war an der Zeit etwas zu ändern! Ich beschäftigte mich mit Ordnungssystemen und erkannte schnell, dass auch die tollsten Organizer die Unordnung nur hübscher aussehen lassen. Um wirklich etwas zu ändern, musste ich ausmisten und eine Grundordnung schaffen. Dieser Prozess dauerte über 18 Monate, doch mit kleinen Schritten kam ich voran.

Ich merkte schon nach kurzer Zeit, dass die Ordnung mir den Alltag enorm erleichterte und beschäftigte mich intensiv mit der Haushaltsorganisation. Damit hatte ich meine Leidenschaft für das Thema gefunden und machte im Frühjahr 2021 meine Ausbildung zum „Professional Organizer“. Seitdem unterstütze ich Menschen dabei, das Chaos in den eigenen vier Wänden zu beseitigen, um sich wieder wohlfühlen zu können.

Ich möchte auch dich auf dem Weg zu deinem Wohlfühlzuhause begleiten und dir zeigen, wie befreiend es sein kann, alten Ballast loszuwerden. Und dass es nicht darauf ankommt, immer alles perfekt machen zu müssen, sondern stressfrei und zufrieden den Alltag zu meistern.

Ich wünsche dir, dass du in diesem Buch viele Impulse und eine große Portion Motivation für deine Ordnungsreise findest!

Alles Liebe

Jennifer

Das Bedürfnis nach Ordnung

Das Bedürfnis nach Ordnung ist etwas ganz Individuelles, das bei jedem Menschen unterschiedlich ausgeprägt sein kann – die eine Person braucht mehr Ordnung, die andere weniger. Einige legen den Fokus auf Räume, in denen sie Besuch empfangen, andere wiederum legen den Fokus auf Räume, in denen sie sich ausruhen. Die einen sind schon glücklich, wenn der Boden frei begehbar ist, die anderen lieben Ordnung bis in die kleinste Schublade hinein. Hier gibt es kein allgemeingültiges Richtig oder Falsch. Du musst herausfinden, was dir persönlich guttut und worauf du deinen Fokus legen möchtest.

Versuche, dir Klarheit über dein eigenes **Ordnungsbedürfnis** zu verschaffen. Wenn du wirklich weißt, was dir wichtig ist und dein Ziel visualisierst, wird es dir leichter fallen, die Umsetzung in Angriff zu nehmen. Vergleiche dich dabei nicht mit anderen. Schaue, was zu dir passt und was sich für dich gut anfühlt. Vergleiche bringen dir im schlimmsten Fall nur Stress.

Was aber, wenn du supermotiviert bist, du ausmistest und aufräumst, dein*e Partner*in jedoch nicht mitzieht? Die ernüchternde Antwort: Dann solltest du das akzeptieren. So individuell wie dein Ordnungsbedürfnis, ist auch das deiner Mitmenschen. Bleib daher bei deinen Sachen. Schaffe Ordnung für dich und miste nicht den Kram von jemand anderem aus. Das wäre übergriffig und andersherum würdest du das sicherlich auch als Grenzüberschreitung wahrnehmen.

Ordnung kannst du als persönliche **Wertschätzung** von dir für dich sehen. Du schaffst die Ordnung für dich. Vielleicht, um dir den Alltag zu erleichtern oder um alten Ballast loszuwerden. Mit Ordnung schaffst du eine für dich angenehme Atmosphäre. Routinen können dir dabei helfen, mit kleinem Aufwand diese Wohlfühlatmosphäre auch langfristig aufrechtzuerhalten. Dadurch gewinnst du Zeit für dich. Deine persönliche Ordnungsreise ist die Chance, nicht nur Raum für dein heutiges Ich, sondern auch Energie und Leichtigkeit für dich zu finden. Im besten Fall überträgt sich diese Leichtigkeit auch auf deine*n Partner*in, und zwar ganz ohne Aufforderung. Zusätzlich ist die Hemmschwelle, einen ordentlichen Raum chaotisch zu hinterlassen, für viele Personen höher. Noch mehr Chaos im Chaos abzuladen, ist dahingegen sehr einfach.

Leider ist es auch nicht immer möglich, dem eigenen Ordnungsbedürfnis gerecht zu werden. Es kann Lebenssituationen geben, die dich sehr fordern und dir viel Energie abverlangen. In solchen Phasen kann es dir helfen, wenn du dir bewusst machst, dass es sich um einen definierten, endlichen Zeitraum handelt. Wenn du an dieser Lebensphase und den entsprechenden Umständen nichts ändern kannst, solltest du akzeptieren, dass du für einen gewissen Zeitraum Abstriche machen musst. Allein diese Akzeptanz kann dir Energie zurückgeben. Schaue also gezielt, wo du diese Abstriche machen möchtest und worauf du deinen Fokus setzt.

Mehr Leichtigkeit durch Ordnung

Ordnung betrifft jeden von uns, denn wer lebt, verursacht Unordnung. Wir benutzen Dinge, bringen Neues in unser Zuhause, sortieren andere Sachen aus, sind in Bewegung. Es gibt Menschen, die schaffen es, diese Unordnung im Zaum zu halten und es gibt Menschen, denen genau das schwerer fällt. Wenn du auch zu der zweiten Gruppe gehörst und dich damit schwertust, Ordnung zu halten, kann das ganz unterschiedliche Gründe haben. Vielleicht hast du es einfach nie gelernt, dich nie damit auseinandergesetzt oder einfach noch nicht **das richtige System** für dich gefunden?

Ich möchte dir zeigen, dass Ordnung dir dein Leben in vielen Aspekten erleichtern kann, denn das Ziel der Ordnung sollte nicht sein, dass dein Zuhause zu jedem Zeitpunkt katalogreif aussieht. Dein Zuhause ist ja schließlich kein Museum. Hier wird gelebt und Leben darf man sehen. Dennoch kann dir eine **Grundordnung** den Alltag enorm erleichtern.

Mit Ordnung sparst du Zeit
Du musst schnell los, doch wo ist der Schlüssel plötzlich hin? Und Taschentücher benötigst du auch noch. Du hast doch letzte Woche erst neue gekauft, wo sind sie nur?

Wenn alle Gegenstände einen festen Platz haben, musst du nicht mehr lange suchen, um sie griffbereit zu haben. Das spart dir viel Zeit im Alltag und beugt unnötigem Suchen vor.

Mit Ordnung sparst du Geld
Das jüngere Kind benötigt einen Matschanzug für den Kindergarten. Du hattest doch noch einen kaum getragenen vom älteren Kind. Nur wo? Leider findest du ihn nicht und kaufst einen neuen.

Du weißt, worauf ich hinauswill: Wenn du alle Gegenstände wiederfindest, bewahrt dich das davor, Dinge doppelt zu kaufen.

Ordnung bringt dir Ruhe
Du möchtest einen gemütlichen Abend auf der Couch verbringen, doch der Wäscheberg der letzten zwei Wochen starrt dich von der Seite an und lässt dich nicht zur Ruhe kommen.

Unordnung erzeugt optische Unruhe und erinnert dich unbewusst an unerledigte Aufgaben, sodass du nicht richtig abschalten kannst. In einer ordentlichen Umgebung wirst du besser entspannen können.

Ordnung soll das Ziel haben, dein Leben leichter zu machen, dich zu entspannen und dir den Rahmen für ein stressfreieres Leben zu geben. Dabei ist ein ganz wichtiger Aspekt, dass du dich auf die Dinge fokussierst, die dir guttun und dir **Energie** geben. Du sollst dich wohlfühlen, wenn du nach Hause kommst. Wenn du Ordnung in dein Zuhause bringst, wird sich das auf dein Inneres übertragen. Du fühlst dich sicherer und befreiter.

Was treibt dich an?

Um den Weg in dein ordentliches Zuhause zu starten, solltest du dir bewusst machen, warum du etwas ändern möchtest. Was erhoffst du dir von mehr Ordnung? Und daher lautet meine erste Aufgabe für dich: Finde DEIN Warum! Nimm dir dafür bewusst ein paar Minuten Zeit. Nutze für deine Antworten die Vorlage auf der nächsten Seite und stelle dir die nachfolgenden Fragen, um dein Warum zu finden:

- Warum möchtest du etwas verändern?
- Wie sieht dein Wohlfühlzuhause aus?
- Wie möchtest du dich in Zukunft zu Hause fühlen?
- Was bedeutet Ordnung für dich?

Versuche dabei, dein Ziel so gut es geht zu **visualisieren.** Stelle dir vor, du kommst am Morgen in eine saubere Küche und kannst ganz entspannt deinen Kaffee trinken. Denke an das Gefühl, wenn spontaner Besuch vor der Tür steht und du dich endlich nicht für die herrschende Unordnung entschuldigst und rechtfertigst. Je intensiver du dir das vor Augen führst, desto besser. Erstelle dir deinen individuellen Motivationssatz, der dich an genau das erinnert, wenn du mal keinen Bock mehr hast.

Ich werde dir helfen, endlich anzufangen und dir passende Techniken an die Hand geben. Doch der Weg zu langanhaltenden Veränderungen kann leider sehr holprig verlaufen. Es wird Momente geben, in denen es leichter ist, in alte Gewohnheiten zu verfallen. Die Motivation und Disziplin können schwinden. Das ist menschlich und ganz normal. Ich bin davon überzeugt, dass du in solchen Situationen **stärker** sein kannst als dein innerer Schweinehund. Und zwar immer dann, wenn du ein starkes Warum hast, an das du dich erinnern kannst!

„Wer ein Warum hat, dem ist kein Wie zu schwer"

Friedrich Nietzsche

Dein *Warum*

Warum möchtest du etwas verändern?

Wie sieht dein Wohlfühlzuhause aus?

Dein Motivationssatz

Wie möchtest du dich in Zukunft zu Hause fühlen?

Was bedeutet Ordnung für dich?

Kommunikation in Partnerschaft und Familie

Ganz oft findet die Kommunikation zum Thema Ordnung oder Haushalt im Streit statt. Es fallen Sätze wie „Nie machst du …!“ oder „Immer lässt du …!“. In dieser Situation bist du sehr wahrscheinlich wütend, fühlst dich ungerecht behandelt und hast keine Lust, der „Depp für alle“ zu sein. Das kann ich absolut verstehen. Glaube mir, das ist mir auch schon oft passiert.

Doch wenn wir wütend oder gekränkt sind, tendieren wir häufig dazu, sehr vorwurfsvoll mit unserem Gegenüber zu sprechen. Der andere ist in diesem Moment eventuell in einer ganz anderen Situation und fühlt sich angegriffen. Die Folge sind **Abwehrhaltung** und Blockade, denn Druck erzeugt bekanntlich Gegendruck. „Dann mach’ ich eben gar nichts mehr, dir kann man’s doch eh nicht

recht machen", könnte eine Antwort sein. Im schlimmsten Fall findet man keine Lösung und im Laufe der Zeit tauchen immer wieder die gleichen frustrierenden Themen auf.

Wenn du solche Situationen kennst, und ihr als Paar oder Familie auf diese Art und Weise bisher nicht weitergekommen seid, solltet ihr eine andere Strategie für eure Kommunikation finden. Ich möchte dich dazu ermutigen, bewusst das Gespräch in einer entspannten Situation zu suchen. Auf den vorangegangenen Seiten haben wir schon über das unterschiedliche **Bedürfnis** nach Ordnung gesprochen. Findet heraus, was welchem Familienmitglied wichtig ist und teilt euch eure Ziele und Wünsche gegenseitig mit. Formuliert dabei Ich-Botschaften: „Mir ist wichtig, dass ..." / „Ich wünsche mir, dass ...". Welche Sichtweise hat dein*e Partner*in, welche haben deine Kinder? Was ist ihnen wichtig? Wer ist bereit welchen Part beizutragen? Vielleicht könnt ihr Regeln für die Gemeinschaftsräume festlegen, die jedoch nicht in den Kinderzimmern gelten? So könnt ihr gemeinsam Lösungen ermitteln, die zu mehr **Harmonie** im Familienalltag beitragen werden.

Wie deine Glaubenssätze dich blockieren können

„Ich hätte gerne mehr Ordnung, aber ich bin einfach chaotisch."
„Ich schaffe es nicht, Ordnung zu halten."
„Alle bekommen den Haushalt hin, nur ich nicht."

Hast du einen dieser Sätze schon mal zu dir selbst gesagt? Ist das wirklich so oder redest du dir das nur ein? Oft wird total unterschätzt, welche Wirkung es hat, wie wir selbst mit uns sprechen. Negative Gedanken, die dir sagen, dass du etwas nicht kannst, etwas nicht schaffst oder nicht gut genug bist. Diese negativen Glaubenssätze haben eine sehr große Macht über dein Handeln und können dich enorm bremsen, denn aus Sprache wird Realität. Die **Realität** beginnt in deinem Kopf. Wenn du davon überzeugt bist, dass du etwas nicht schaffen kannst, wirst du diesen Weg nicht gehen und dein volles Potenzial nicht ausschöpfen.

Negative Glaubenssätze sind keine Tatsachen, die du hinnehmen musst. Du hast jeden Tag die Möglichkeit, dich neu zu erfinden. Da Glaubenssätze aber sehr tief in deinem Unterbewusstsein sitzen können, musst du dir deine innere Einstellung erst einmal bewusst machen. Wenn du weißt, welche deine negativen **Glaubenssätze** sind und woher sie kommen, kannst du sie bewusster wahrnehmen, hinterfragen und (wenn du möchtest) auch ändern.

Das bedeutet im Hinblick auf Ordnung, dass jeder angeblich hoffnungslose Chaot seinen Weg in ein ordentliches Leben finden kann. Auch hier ist das individuelle Bedürfnis nach Ordnung wieder ein wichtiger Punkt. Mach dir deine Ziele bewusst und sage dir, dass du sie erreichen kannst. Denk in kleinen Schritten und feiere kleine Erfolge. So motivierst du dich dranzubleiben und kannst deine negativen Glaubenssätze außer Kraft setzen.

Glaubenssätze sind oftmals anerzogen und haben ihren Ursprung in der Kindheit. Daher ist es wichtig darauf zu achten, was wir unseren Kindern vermitteln. Wenn ich als Mutter beim Aufräumen immer schlechte Laune habe, schimpfe und gereizt bin, dann vermittle ich meinen Kindern von klein auf, dass Aufräumen negativ ist. Ich präge sie mit meiner Einstellung und sie lernen, dass Aufräumen keinen Spaß macht und eine nervige, gezwungene Notwendigkeit ist. Wenn ich das meinem Kind mit auf den Weg gebe, darf ich mich nicht wundern, wenn es selbst nicht aufräumen möchte.

Ich habe aber auch die Möglichkeit meinem Kind ein **positives Mindset** zu vermitteln. Ich kann ihm erklären, warum ich aufräume (damit wir morgen alle Spielsachen wiederfinden und direkt mit dem Spielen anfangen können). Ich kann für eine positive Umgebung sorgen, indem ich seine bzw. unsere Lieblingsmusik anmache. Ich kann das Aufräumen spielerisch gestalten oder dabei tanzen. Sei hier kreativ und finde Wege, die zu euch als Familie passen.

Und bevor hier der Eindruck entsteht, dass meine Kinder jeden Abend freudestrahlend und selbstverständlich aufräumen: Nein, dem ist nicht so und das ist (hoffentlich) normal. Auch wenn ich meinen Kindern eine positive Einstellung zum Aufräumen vermittele, Ordnung vorlebe und meine Kinder die Routinen kennen, haben auch wir diese Tage, wo das abendliche Aufräumen eskaliert.

Dann versuche ich mich zu fragen, woran das liegen könnte. Vielleicht war es ein anstrengender Tag für die Zwerge? Dann darf ihr Bedürfnis nach Ruhe wichtiger sein als mein Bedürfnis nach Ordnung. Wenn es mich sehr stört, räume ich später allein auf, weil es MIR in diesem Moment wichtig ist.

Bye bye, Perfektionismus!

Ein ausgeprägter Perfektionismus kann zu der größten Bremse auf deiner Ordnungsreise werden. Perfektionismus führt dazu, dass wir nicht anfangen und Dinge immer weiter aufschieben: „Bevor ich es nicht **perfekt** machen kann, mache ich es lieber gar nicht". Doch wir wissen alle, dass man fast nie genug Zeit hat.

Oft fehlt die Zeit, um etwas perfekt zu machen. Durch das ständige Aufschieben und Warten auf den richtigen Zeitpunkt, werden Aufgaben allerdings immer größer. Zum einen physisch – „Ich muss die Rumpelkammer eh aufräumen, da ist es nicht schlimm, wenn ich XY noch dazulege" –, aber auch psychisch. Je länger das To-do aufgeschoben wird, desto größer erscheint es uns und die Hürde endlich loszulegen, wird immer größer. Daher ist es wichtig, dass du anfängst – und zwar jetzt!

Du solltest dir bewusst machen, dass dich jeder kleine Schritt deinem Ziel näher bringt.

Kleiner Aufwand	Großer Effekt
15 Minuten wöchentlich	15 Stunden im Jahr
5 Minuten täglich	30 Stunden im Jahr
15 Minuten täglich	90 Stunden im Jahr

Du hast nur 10 Minuten Zeit? Dann fang an! Du wirst nach diesen 10 Minuten nicht annähernd fertig sein? Ganz egal, du bist einen Mini-Schritt **weitergekommen.** Auch kleine Zeitfenster können auf das Jahr gesehen einen großen Beitrag dazu leisten, dass du vorankommst.

Done is better than perfect!

Das gilt nicht nur für das Aufräumen, sondern für alle Bereiche deines Lebens. Du schaffst es nicht, dir einmal pro Woche eine Stunde Zeit für Sport zu nehmen? Vielleicht kannst du stattdessen täglich 10 Minuten aktive Bewegung und gezielte Übungen in deinen Alltag integrieren. Dein Körper wird dir diese kleinen Bewegungshäppchen danken.

Eine Frage der Priorisierung

Nicht nur in Bezug auf das Anfangen, sondern auch bei der konkreten Umsetzung kann der Perfektionismus dich enorm bremsen. Hast du schon mal was vom Pareto-Prinzip bzw. der 80/20-Regel gehört? Dieses Prinzip beschreibt ein Ungleichgewicht, das häufig zwischen Aufwand und Ergebnis herrscht. Den Großteil des Ergebnisses kannst du meist schon mit **wenig Aufwand** erreichen. Der sogenannte Feinschliff kostet die meiste Zeit. Damit möchte ich dir sagen, dass du dich beim Aufräumen auf das Wesentliche fokussieren solltest. Mit 20 % des Aufwandes kannst du in vielen Fällen 80 % des Ergebnisses erreichen.

Wäge genau ab, welche Aufgaben du erledigen möchtest und setze Prioritäten fest. Diese arbeitest du nach und nach ab, sodass du schnellstmöglich Ergebnisse erzielst. Das Verrennen in Kleinigkeiten kann dich sonst sehr viel Zeit kosten und führt letztendlich wieder zu Frust.

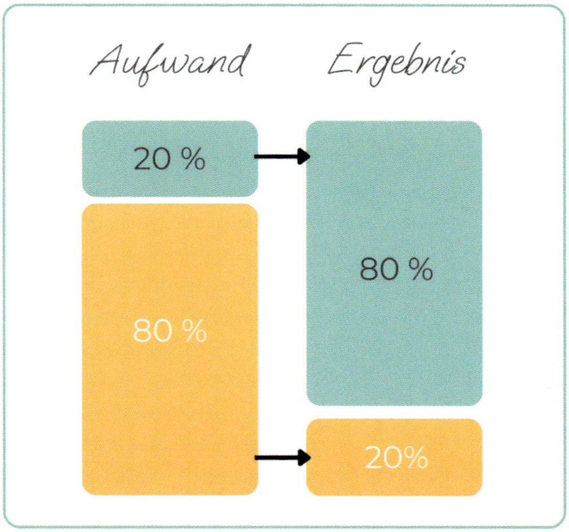

Auch wenn deine Ordnung noch nicht perfekt sein wird, wird es sicherlich schon besser aussehen als vorher. Das ist das, was zählt und was dich weiterbringt. Der Fokus liegt zu Beginn immer darauf, mit dem geringsten Aufwand eine solide Basis zu erschaffen. Wenn du diese Basis hast, kannst du anfangen, dich um die Kleinigkeiten zu kümmern.

KAPITEL 1

Sichten und ausmisten

Die Basis für langfristige Ordnung ist eine Grundordnung. Diese geht einher mit sorgfältigem Aussortieren – weniger Kram bedeutet gleichzeitig mehr Luft und Leichtigkeit.
Du setzt dich mit deinem Besitz auseinander und lernst dich zu fokussieren. Wie du das am besten schaffst, zeige ich dir im folgenden Kapitel.

Warum deine Ordnung nicht lange hält

Hast du manchmal das Gefühl, dass deine Ordnung nicht hält? Dass du die Dinge ständig hin und her räumst, immer wieder anpackst und es dennoch nicht ordentlich wird? Vielleicht hast du dich schon damit abgefunden, dass du ein chaotischer Mensch bist?

Mit großer Wahrscheinlichkeit hast du einfach noch nicht das System gefunden, das zu dir passt. Ordnung ist kein statischer Zustand. Du musst deine Strategien und Systeme immer wieder an deine **Lebensphasen** anpassen. Das Schöne am Leben ist, dass du jeden Tag aufs Neue die Möglichkeit hast, etwas zu ändern. Solange du wirklich Veränderungen willst, ist es nicht zu spät, den ersten Schritt zu tun. Damit du auf dem Weg nicht in alte Muster verfällst, ist es ganz wichtig, dass deine Ordnung schnell umsetzbar und einfach ist. Die tollsten Ordnungssysteme nützen nichts, wenn sie nicht zu dir, deinen Bedürfnissen und deinen Gewohnheiten passen.

Wenn du immer wieder die gleichen Dinge anpackst und hin und her räumst, liegt das vermutlich daran, dass diese Dinge keinen festen Platz in deinem Zuhause haben. Sie werden irgendwo abgelegt und beim Aufräumen einfach nur woanders platziert. Das Problem wird also lediglich verlagert.

Definiere deine Hotspots

Nimm dir jetzt bewusst Zeit und überlege, wo genau deine Hotspots sind. Hotspots sind Bereiche in deinem Zuhause, die immer wieder Chaos erzeugen. Hier sammeln sich ständig Dinge – vor allem die, die keinen festen Platz haben. Egal wie gut du aufräumst, das Chaos kommt wieder, sobald du dich umgedreht hast. Typische Hotspots können sein: der Eingangsbereich, der Esstisch, der Küchentresen, die Fensterbänke ...

Schreibe deine Hotspots in die nachfolgende Liste und notiere auch gleich, welche Dinge dort immer wieder abgelegt werden. Wenn du dir **bewusst** machst, welche Dinge das sind, kannst du gezielt nach Lösungen suchen. Wenn du dir deine Hotspots bewusst gemacht hast, kannst du zukünftig gezielter auf sie achten und sie eindämmen.

Deine *Hotspots*

Definiere deine persönlichen Hotspots.
Welche Gegenstände legst du immer wieder dort ab?

Hotspot #1

Hotspot #2

Hotspot #3

Hotspot #4

Die Grundordnung als Basis

Die Basis für ein dauerhaft ordentliches Zuhause ist die Grundordnung. Das bedeutet, dass jeder Gegenstand in deiner Wohnung einen **festen Platz** zugeteilt bekommt. Das erleichtert dir nicht nur das Auffinden von Dingen, sondern auch das Wegräumen, denn du weißt genau, wo der Gegenstand hingehört. Du musst nicht lange drüber nachdenken und vermeidest unnötiges Hin- und Herräumen. Wenn du bisher noch keine Grundordnung hast, verabschiede dich von dem Gedanken, eines Tages viel Zeit zu investieren und dann gründlich aufzuräumen. Dieser Tag wird vermutlich nicht kommen. Stattdessen fängst du einfach heute an.

Dein Zuhause wird nicht über Nacht *chaotisch*, also erwarte nicht, dass du es an einem Tag komplett *ordentlich* machen kannst.

Als ich angefangen habe meine Grundordnung zu erstellen, war meine Tochter etwa sechs Monate alt. Ich war genervt, dass ich die seltenen Momente, in denen sie alleine schlief, mit Aufräumen verbrachte. Dabei räumte ich fast täglich die gleichen Dinge weg, drehte mich im Kreis und kam gar nicht dazu, größere Projekte zu starten. Das führte zu jeder Menge Frust bei mir und war ausschlaggebend dafür, dass ich etwas ändern wollte. So wie es lief, würde ich nie zu mehr Ordnung kommen, also musste eine neue Strategie her. Ich startete damit, mir eine Grundordnung zu erstellen. Nicht auf einmal, sondern **Stück für Stück.** Jeden Tag ein kleines bisschen. Schublade für Schublade sortierte ich und kam mit Minischritten meinem Ziel näher. Dabei machte ich diese kleinen Aufgaben zur Priorität. Mindesten 10 Minuten plante ich pro Tag dafür ein. Wenn ich kurz Zeit hatte, wurde ausgemistet und nicht erst die Spülmaschine ausgeräumt. In dieser Zeit durften die Alltagsaufgaben auch mal bis

TOPP

SO BUNT WIE DAS LEBEN

Makramee

Statement Makramee. Großformatige Makramee-Projekte mit Wow-Effekt
ISBN 978-3-7358-**5039**-3
176 S., HC, € (D) 25,00

Makramee im Boho-Look. Accessoires, Deko & mehr im Bohemian Style
ISBN 978-3-7358-**5031**-7
160 S., HC, € (D) 22,00

Makramee für Anfänger
ISBN 978-3-7358-**5119**-2
96 S., HC, € (D) 14,99

Makramee Wandbilder im Kreuzknoten-Design
ISBN 978-3-7358-**5126**-0
64 S., HC, € (D) 12,99

Kreativ Leben

Trick 17 - Wohnen und Einrichten
ISBN 978-3-7358-**5091**-1
320 S., SC, € (D) 20,00

200 Tipps, Tricks und Techniken: Ordnung
ISBN 978-3-7358-**5099**-7
176 S., HC, € (D) 22,99

Spar dich glücklich
ISBN 978-3-7358-**5103**-1
112 S., SC, € (D) 14,00

Trick 17 kompakt Sparen – Clevere Tipps und Tricks für Verbraucherinnen und Verbraucher
ISBN 978-3-7358-**5085**-0
160 S., SC, € (D) 14,00

Die Gartenapothekerin
ISBN 978-3-7358-**5096**-6
176 S., SC, € (D) 25,00

Zuckerfrei leben. Wie ich mein Leben raffiniert zuckerfrei machte und endlich gesund wurde.
ISBN 978-3-7358-**5107**-9
128 S., SC, € (D) 18,00

Mein Weg zur Wohlfühlfigur. Wie ich eine Menge Kilos verloren und einen Haufen Lebensfreude gewonnen habe
ISBN 978-3-7358-**5110**-9
144 S., SC, € (D) 18,00

Ordnung schaffen. Wie ich durch Ordnung mein Leben auf den Kopf stellte und mein Alltag aufgeräumter wurde
ISBN 978-3-7358-**5129**-1
128 S., SC, € (D) 18,00

www.topp-kreativ.de

Ausmalen

Christl Vogls Ausmalreise - Abenteuer der Blütenelfen
ISBN 978-3-7358-**8057**-4
96 S., SC, € (D) 12,99

Vintage Flowers – Die Sprache der Blumen
ISBN 978-3-7358-**5112**-3
176 S., SC, € (D) 25,00

Großstädte im Hochformat - das Ausmalbuch
ISBN 978-3-7358-**8082**-6
64 S., SC, € (D) 15,00

Color & Cut - Blumen
ISBN 978-3-7358-**8054**-3
96 S., SC, € (D) 12,99

Malen & Zeichnen

Mein Lettering-Training
ISBN 978-3-7358-**8010**-9
128 S., SC, € (D) 18,00

Sketchnotes. Die große Symbol-Bibliothek. Band 2
ISBN 978-3-7358-**8000**-0
144 S., HC, € (D) 22,00

Fine Line Übungsbuch
ISBN 978-3-7358-**8012**-3
64 S., SC, € (D) 10,00

Floral & Fein
Beeindruckende botanische Illustrationen mit Fineliner zeichnen
ISBN 978-3-7358-**8048**-2
128 S., HC, € (D) 19,99

Aquarellvorlagenmappe
ISBN 978-3-7358-**8062**-8
48 S., SC, € (D) 24,99

Farbenlehre trifft Watercolor-Blumen
ISBN 978-3-7358-**8038**-3
128 S., HC, € (D) 25,00

Landschaften aquarellieren
Mit den neuen supergranulierenden Aquarellfarben
ISBN 978-3-7358-**8037**-6
144 S., HC, € (D) 24,99

Painted Edges • Buchschnitt gestalten mit Watercolor
ISBN 978-3-7358-**8064**-2
128 S., SC, € (D) 19,99

Wenn die Linie lustig wird
Comic, Cartoons & Karikatur zeichnen lernen
ISBN 978-3-7358-**8014**-7
144 S., SC, € (D) 19,99

Die Kunst des Zeichnens - Posen
ISBN 978-3-7358-**8045**-1
128 S., HC, € (D) 22,00

Die Kunst des Zeichnens Masterclass - Skizzieren
ISBN 978-3-7358-**8063**-5
144 S., HC, € (D) 25,00

Einfach Ölmalerei
ISBN 978-3-7358-**8025**-3
128 S., HC, € (D) 22,00

Rätseln

what3words Rätselbuch /// der. Fall.Aegis /// Die neue Landkarten-rätsel-Herausforderung
ISBN 978-3-7724-**8089**-8
80 S., SC, € (D) 12,00

Micro Crimes. Das Krimi-Suchbuch. Sherlock Holmes gegen die Unterwelt von Berlin.
ISBN 978-3-7724-**9504**-5
48 S., HC, € (D) 20,00

MARVEL Labyrinthe
Finde deinen Weg durch das größte Comic-Universum.
ISBN 978-3-7724-**9396**-6
64 S., SC, € (D) 16,00

Star Wars Labyrinthe. Finde deinen Weg durch eine weit, weit entfernte Galaxis
ISBN 978-3-7724-**9395**-9
64 S., SC, € (D) 16,00

Gehirnjogging – 365 Strategien, Rätsel und Übungen für einen scharfen Verstand
ISBN 978-3-7724-**4400**-5
160 S., HC, € (D) 15,00

24 HOURS ESCAPE – Das Escape Room Spiel – Daniel Defoes Robinson Crusoe und die verlassene Insel
ISBN 978-3-7724-**8099**-7
112 S., SC, € (D) 15,99

24 HOURS ESCAPE – Das Escape Room Spiel: H.G. Wells' Die Zeitmaschine und eine ungewisse Zukunft
ISBN 978-3-7724-**9399**-7
112 S., SC, € (D) 15,99

Sherlock & Watson – Neues aus der Baker Street: Das Lächeln im Spiegel
ISBN 978-3-7724-**9445**-1
144 S., SC, € (D) 19,99

KinderKreativ

Die Olchis. Das krötige Bastelbuch aus Schmuddelfing
ISBN 978-3-7358-**9057**-3
80 S., HC, € (D) 13,99

Gemeinsam basteln, gemeinsam wachsen - Das Kinderbastelbuch für gezielte Förderung
ISBN 978-3-7358-**9045**-0
128 S., HC, € (D) 17,99

Wir retten die Welt • Mit Bastelideen, Experimente und Challenges
ISBN 978-3-7358-**9053**-5
128 S., HC, € (D) 17,99

Meine Bastelreise um die Welt - Das Bastelbuch für Weltentdecker
ISBN 978-3-7358-**9069**-6
128 S., HC, € (D) 17,99

Die Kunst des Zeichnens für Kinder Zeichenschule - Optische Täuschung
ISBN 978-3-7358-**9054**-2
128 S., HC, € (D) 16,00

Land Art. Das Draußen-Kreativ-Buch für die ganze Familie
ISBN 978-3-7724-**4654**-2
128 S., HC, € (D) 15,99

Dinosaurier
ISBN 978-3-7358-**9049**-8
80 S., HC, € (D) 13,99

Mama, ich back das schon! Backen nach Bildern
ISBN 978-3-7358-**9048**-1
80 S., HC, € (D) 14,99

DIY / Basteln

Natural Rustic Love
ISBN 978-3-7358-**5109**-3
128 S., HC, € (D) 18,00

MANUFAKTURA
ISBN 978-3-7358-**5098**-0
144 S., HC, € (D) 25,00

Indoor DIY-Projekte aus Baumarkt-Material
ISBN 978-3-7358-**5125**-3
128 S., HC, € (D) 18,99

Zauberhafte Wichteltüren
ISBN 978-3-7358-**5123**-9
80 S., HC, € (D) 14,99

Handarbeiten

Fuck it! Let's stitch
ISBN 978-3-7358-**7035**-3
112 S., HC, € (D) 20,00

52 Wochen Tücher stricken
ISBN 978-3-7358-**7009**-4
272 S., HC, € (D) 40,00

Das ultimative Socken-Strickbuch
ISBN 978-3-7358-**7051**-3
144 S., HC, € (D) 16,99

Außergewöhnliche Motivsocken stricken
ISBN 978-3-7358-**7041**-4
176 S., HC, € (D) 25,00

Henri Purnell. Das Häkelbuch
ISBN 978-3-7358-**7047**-6
144 S., HC, € (D) 22,00

1x1 kreativ Häkeln
ISBN 978-3-7358-**7033**-9
144 S., HC, € (D) 22,00

Großartige Grannysquares häkeln
ISBN 978-3-7358-**7043**-8
112 S., HC, € (D) 20,00

Näh-Quickies: 15-Minuten-Projekte
ISBN 978-3-7358-**7046**-9
192 S., SC, € (D) 16,00

Näh doch einfach! Meine Lieblings-Oberteile nähen
ISBN 978-3-7358-**7037**-7
112 S., HC, € (D) 24,00

Skandi Løve. Kleider • Selbst genäht in den Größen 34-46
ISBN 978-3-7358-**7052**-0
112 S., HC, € (D) 22,00

Der Jersey-T-Shirt-Baukasten für Kids • in den Größen 98-146
ISBN 978-3-7358-**7044**-5
112 S., HC, € (D) 22,00

Oskar näht • Der Nähworkshop für Kinder. Mit Videoanleitung
ISBN 978-3-7358-**9050**-4
128 S., HC, € (D) 17,99

abends liegen bleiben (wenn sich nicht gerade Besuch ankündigte). 10 bis 15 Minuten waren für mich realisierbar, auch mit Baby und Job. Vielleicht nicht jeden Tag, aber mehrfach die Woche.

Nach etwa 18 Monaten hatte ich es geschafft, einmal eine Runde durch das ganze Haus zu machen. Ein ganz schön langer Zeitraum, oder? Doch hätte ich darauf gewartet, dass irgendwann der richtige Moment kommt, würde ich bis heute nicht angefangen haben. Und auch jetzt arbeite ich immer noch an meiner Grundordnung, denn das Leben ist ein **ständiger Wandel.** Auch die Ordnung ist ein fortlaufender Prozess. Neue Gegenstände kommen in dein Zuhause und brauchen einen festen Platz. Andere Gegenstände passen nicht mehr zu dir und dürfen Raum für Neues machen.

In vier Schritten clever aufräumen

Das Aufräumen kannst du dir deutlich leichter machen, wenn du eine bestimmte Reihenfolge beachtest. Zunächst solltest du Kategorien bilden. Wenn du also deine Jacken aussortieren möchtest, dann hole **alle** Jacken an einen Ort. Nur so hast du wirklich einen Überblick über deinen Besitz. Wenn du zum Beispiel nur die Jacken an der Graderobe ansiehst, denkst du vielleicht: „Okay, drei Jacken – alle dürfen bleiben." Wenn du jetzt aber noch die Jacken aus dem Keller und deinem Kleiderschrank dazuholst, sieht das Ganze schon anders aus. Erst dann siehst du bewusst, wie viel du wirklich besitzt.

Dieser Überblick **erleichtert** dir Schritt zwei: das Ausmisten. Wie du hierbei am besten vorgehst, erfährst du auf den nächsten Seiten.

Nach dem Ausmisten erfolgt das Sortieren, Schritt drei. Sortiere die Gegenstände innerhalb der Kategorie. Dabei kannst du zum Beispiel nach Saison, Größe oder Farbe sortieren oder auch numerisch oder alphabetisch. Finde eine Sortierung, die für dich Sinn ergibt!

Erst jetzt suchst du im letzten Schritt einen festen Platz für die sortierten Gegenstände. Beachte dabei, wie häufig und wo du die Gegenstände nutzt. Alles, was regelmäßig genutzt wird, sollte schnell und gut zu erreichen sein. Nur so schaffst du es auch dauerhaft, die Dinge nach ihrer Nutzung wieder an ihren Platz zu räumen.

Clever aufräumen

in 4 Schritten

1 Kategorisieren

Teile die Gegenstände in **Kategorien** ein. Bringe alle Gegenstände einer Kategorie an **einen Ort.**

2 Ausmisten

Nun hast du den besten **Überblick** und kannst optimal **ausmisten.**

3 Sortieren

Sortiere anschließend die Gegenstände innerhalb einer Kategorie.

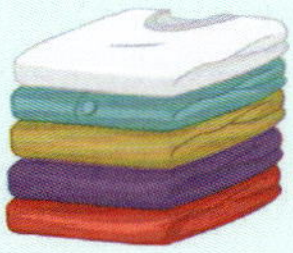

4 Platz finden

Erst jetzt suchst du einen **festen** und sinnvollen **Platz.**

Wenn alles zu viel ist, ist weniger mehr

Wenn du beginnst, dich mit dem Thema Grundordnung zu beschäftigen, kommst du um das Ausmisten nicht herum. Lediglich Stauraum für deinen ganzen Krempel zu finden, wird dir langfristig nichts bringen. Das heißt jetzt nicht, dass du ab sofort minimalistisch leben sollst. Es geht nicht darum, möglichst viel zu entsorgen, damit nur wenig bleiben darf. Es geht darum, dass du dich zu Hause **wohlfühlst** und mit Dingen umgibst, die dir guttun. Mit Dingen, die dir Energie geben. Das erreichst du nur, indem du dich gründlich mit allen Gegenständen auseinandersetzt und ausmistest.

Sei es dir wert, dass dein Zuhause der Ort ist, an dem du dich wohlfühlen und Energie tanken kannst. Also versuche dich beim Ausmisten genau darauf zu fokussieren. Je mehr **Lieblingsdinge** du besitzt, desto zufriedener wirst du langfristig werden. Durch das Ausmisten bringst du Klarheit in dein Zuhause. Du setzt Prioritäten und fokussierst dich auf das Wesentliche. Und genau das wird dir auch Ordnung für dein Inneres bringen.

Weniger Kram bedeutet mehr Leichtigkeit

Natürlich hat das Ausmisten auch in Bezug auf deinen Haushalt große Vorteile: Das Aufräumen geht schneller, wenn du weniger besitzt und das Putzen ist leichter, wenn du weniger Flächen freiräumen musst.

Warum *Ausmisten* dir guttut

Du schaffst Ordnung in deinem Inneren

Du löst dich von altem Ballast

Du bringst Klarheit in dein Zuhause

Du befasst dich mit deinen Werten

Du setzt Prioritäten

Du schaffst Raum für Neues

Wie das Loslassen dich befreien kann

Chaos in den eigenen vier Wänden kann sehr belastend sein und je nach Ausmaß zu einem großen Stressfaktor werden. Chaos erinnert uns unbewusst an unerledigte Aufgaben, die wir noch in Angriff nehmen sollen und vielleicht schon oft aufgeschoben haben. Das macht ein ungutes Gefühl und erzeugt Stress. Wenn du an dem Punkt bist, dass du Panik bekommst, sobald jemand unangekündigt bei dir vor der Tür steht, wird die Unordnung bereits einen großen Bereich in deinem Inneren eingenommen haben.

Aus meiner Erfahrung weiß ich, dass Ausmisten **emotional** sehr anstrengend sein kann. Einmal sagte eine Kundin zu mir: „Nach unseren Coachings bin ich emotional völlig erschöpft!“ Doch warum ist das so? Beim Ausmisten beschäftigst du dich intensiv mit dir selbst. Mit deiner Vergangenheit, deinen Marotten und deinen Werten. Das kann unter Umständen ganz schön unangenehm werden. Vielleicht gibt es die ein oder andere ungute Erinnerung, die hochkommt, Selbstzweifel oder viel Frust. Der Krempel in deinem Zuhause kann eine unglaublich negative Energie auf dich ausstrahlen.

Doch das alles birgt eine unglaubliche Chance: Du hast die Möglichkeit, dich von den belastenden Dingen zu trennen – physisch und psychisch. Du kannst mit negativen Erinnerungen abschließen und deinen Fokus auf das Positive lenken. Du darfst bestimmen, wie du dich in Zukunft fühlen möchtest und dich gezielt mit den Dingen umgeben, die dich **glücklich** machen. Das wirkt sich positiv auf dein Selbstwertgefühl aus. Du bist es dir wert, dass du dich gut um dein Wohlbefinden kümmerst.

Beim Ausmisten lernst du, Entscheidungen für dich zu treffen. Und du lernst Nein zu sagen. Durch das Ausmisten schaffst du Raum für dein heutiges Ich. Du trennst dich von Dingen, die nicht mehr zu dir gehören und definierst dich genauer. Mit jedem Gegenstand, den du loslässt, kommst du deinem Kern ein bisschen näher. Du bekommst ein Gefühl für Dinge, die dir nicht gefallen und natürlich auch für Dinge, die dir guttun. Du beschäftigst dich mit deinen Werten, findest zu dir selbst und schaffst Klarheit und Leichtigkeit für dein Inneres.

So gelingt dir das Ausmisten

Das Ausmisten selbst kann einigen Menschen sehr leicht von der Hand gehen, anderen wiederum sehr schwerfallen. Wie vieles im Leben ist auch Ausmisten Übungssache. Je häufiger du es tust, desto routinierter wirst du werden.

Es ist normal, dass das Chaos in vielen Fällen zunächst schlimmer erscheint, bevor es letztendlich besser wird. Wenn du die Schränke ausräumst, all den Krempel auf dem Boden verteilst und dir der Menge bewusst wirst, kann das zunächst ein großer Dämpfer sein. Jetzt darfst du nicht den Kopf in den Sand stecken, sondern sollst fokussiert und strukturiert weitermachen. Triff Entscheidungen und habe dein **Ziel** vor Augen: Wie wirst du dich fühlen, wenn du dich endlich von dem alten Ballast gelöst hast?

Wenn du beim Entrümpeln eher unentschlossen bist und es dir schwerfällt loszulassen, wechsle die Perspektive. Die klassische Herangehensweise beim Ausmisten ist, sich zu fragen, ob etwas weg kann. Frage dich stattdessen, ob der Gegenstand dich belastet oder dir ein gutes Gefühl gibt. Versuche dabei auf dein Bauchgefühl zu hören und fokussiere dich auf deine Lieblingsteile. Wenn du beispielsweise 30 Kaffeetassen für einen Vierpersonenhaushalt im Küchenschrank stehen hast, suchst du nicht die aus, die wegkönnen, sondern zuerst die, die ihr am liebsten nutzt. So suchst du gezielt nach dem, was **bleiben** darf.

Zusätzlich kannst du dich fragen, wie du dich fühlen würdest, wenn du den Gegenstand plötzlich verlieren würdest. Würdest du ihn noch einmal kaufen? Nein? Dann darf er gehen.

Je mehr Emotionen wir mit einem Gegenstand verbinden, desto schwerer fällt es uns, eine Entscheidung zu treffen. Das ist auch der Grund, warum es dir so leichtfällt, den Kram eines anderen auszumisten. Doch wie ich dir am Anfang schon gesagt habe: Finger weg! Kümmere dich um deine Dinge.

Wenn du beim Ausmisten nicht weiterkommst, kann dir das 4T-Diagramm helfen. Dabei hinterfragst du den emotionalen und den funktionellen Wert des Gegenstandes.

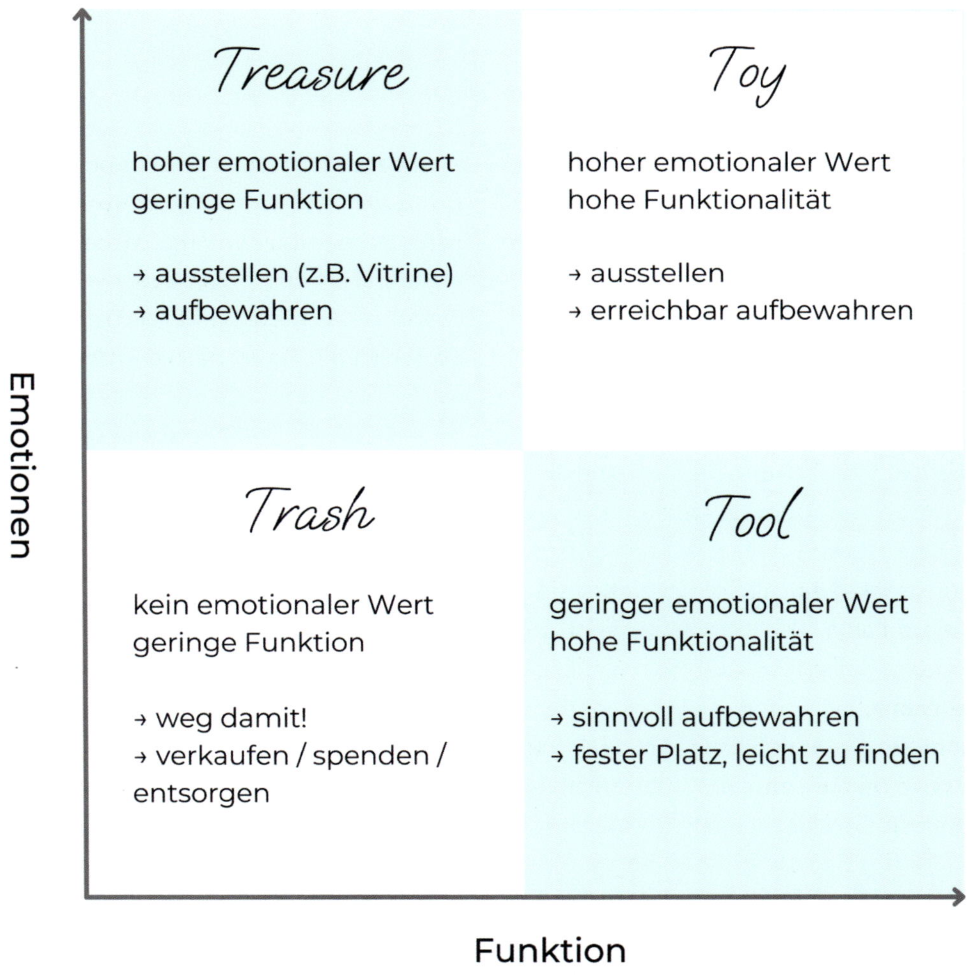
Treasure
hoher emotionaler Wert
geringe Funktion
→ ausstellen (z.B. Vitrine)
→ aufbewahren
Toy
hoher emotionaler Wert
hohe Funktionalität
→ ausstellen
→ erreichbar aufbewahren
Trash
kein emotionaler Wert
geringe Funktion
→ weg damit!
→ verkaufen / spenden / entsorgen
Tool
geringer emotionaler Wert
hohe Funktionalität
→ sinnvoll aufbewahren
→ fester Platz, leicht zu finden
Emotionen
Funktion

Schluss mit Ausreden!

Triff beim Ausmisten klare Entscheidungen und suche nicht nach Ausreden. Lass uns die typischen Ausreden mal genauer unter die Lupe nehmen:

Das kann man vielleicht noch gebrauchen.
Wie viele Dinge schlummern seit Jahren in deinem Keller, weil du sie vielleicht noch gebrauchen könntest? Wir neigen dazu, Dinge für später aufzubewahren, die wir dann doch nicht nutzen. Also überlege ganz genau, ob du den Gegenstand WIRKLICH noch gebrauchen kannst. Kannst du ihn dir im Notfall auch irgendwo leihen?

Das war teuer.
Was bringt dir die teure Designertasche, wenn sie ungenutzt im Schrank verstaubt? Meist nur ein schlechtes Gewissen, wenn du sie siehst. Das Geld ist eh schon weg. Vielleicht kannst du sie ja verkaufen oder einem Lieblingsmenschen eine Freude damit bereiten?

Das habe ich geschenkt bekommen.
Auf dem Weg zu deinem Wohlfühlzuhause solltest du dir unbedingt bewusst machen, dass du es verdient hast, mit Dingen umgeben zu sein, die dich glücklich machen. Also trenne dich auch ohne ein schlechtes Gewissen von unliebsamen Geschenken.

Um solche Entscheidungen in Zukunft gar nicht erst treffen zu müssen, versuche ab jetzt bewusster zu konsumieren. Benötigst du den Gegenstand, den du kaufen möchtest, wirklich? Hinterfrage dein Konsumverhalten, stoppe Impulskäufe und nimm nicht jedes unnütze Werbegeschenk mit, nur weil es kostenlos ist. So sammelt sich automatisch weniger Kram in deinem Zuhause. Und jedes Teil weniger, ist ein Teil, das nicht einsortiert, geputzt oder gepflegt werden muss.

Wenn du dir absolut unsicher bist, ob du dich von bestimmten Gegenständen wirklich für immer trennen möchtest, dann räume sie zunächst in einen blickdichten Karton. Schreibe ein Datum drauf, bis wann du eine Entscheidung treffen möchtest, und stelle diesen Karton verschlossen in den Keller. Sollte das Aussortieren eine Fehlentscheidung gewesen sein, hast du noch die Möglichkeit, den Gegenstand zurückzuholen. Bleibt der Karton bis zum definierten Zeitpunkt verschlossen, so kommt er weg – und zwar ohne wieder reinzusehen!

Bleib fokussiert

Fokus ist beim Ausmisten einer der wichtigsten Grundsätze. Du weißt sicherlich, wie schnell man sich in Nebensächlichkeiten verlieren kann, wenn man entrümpelt: Ein altes Fotoalbum hier, ein paar Babyschühchen dort. Vor allem, wenn es um emotionale Gegenstände geht, lassen wir uns oft dazu hinreißen, unsere eigentliche Tätigkeit zu unterbrechen und in Erinnerungen zu schwelgen. Das ist ein klassisches Paradebeispiel für un**fokussiertes Arbeiten** und wird zu großem Frust führen. Statt dich mit der eigentlichen Aufgabe zu beschäftigen, verschwendest du die Zeit, indem du dich zu intensiv mit Erinnerungsstücken beschäftigst.

Du solltest ebenso dem Impuls widerstehen, alles sofort in andere Räume bringen zu wollen. Du findest beim Aufräumen des Wohnzimmers eine Kinderhose, bringst diese ins Kinderzimmer, siehst das Spielzeug auf dem Boden liegen, räumst es ein, findest dabei eine Zahnbürste, bringst sie sofort ins Bad, siehst, dass der Wäschekorb voll ist, schmeißt die Waschmaschine an ... Na, ist dir das auch schon mal passiert? Am Ende des Tages hast du Tausend Baustellen angefangen, keinen Bereich wirklich abgeschlossen und bist absolut frustriert, dass du nichts geschafft hast.

Damit dir das nicht passiert, ist es unglaublich wichtig, dass du fokussiert bleibst. Ein **Timer** kann dich dabei tatkräftig unterstützen. Definiere ein Zeitfenster, zum Bespiel 15 Minuten, und arbeite in dieser Zeit ganz konzentriert an nur einer Aufgabe. Wenn du ein definiertes Zeitfenster hast, kannst du dich einfacher fokussieren und auch eher für unliebsame Aufgaben aufraffen. Du weißt, dass es in 15 Minuten erledigt ist und dir nicht den ganzen Tag im Hinterkopf herumschwirren wird. Meist arbeitest du dann automatisch schneller und effizienter.

Wenn die Zeit um ist und du noch nicht fertig bist, ist das gar nicht schlimm. Denn sicherlich bist du jetzt schon einen ganzen Schritt weiter. Es muss nicht sofort perfekt sein, sondern wird Schritt für Schritt **besser** werden. Vielleicht bist du in diesem Moment aber auch so im Flow und motiviert direkt weiterzumachen? Dann nutze diese Energie auf jeden Fall und bleib dran!

Damit du auch wirklich fokussiert arbeiten kannst, sorge dafür, dass dich dein Smartphone nicht ablenkt. Oftmals ist das Öffnen bestimmter Apps eine **Gewohnheit** und geschieht fast reflexartig. Du möchtest nur kurz etwas nachsehen und aus Gewohnheit öffnest du Instagram – und im Flug sind schon wieder 20 Minuten um. Hast du gewusst, dass du bei vielen Smartphone-Modellen einen Konzentrationsmodus einstellen kannst? Dort kannst du die Benachrichtigungen von Messengern oder Social Media Apps für eine gewisse Zeit deaktivieren und bist dennoch telefonisch erreichbar. Beste Voraussetzung, um Aufgaben ungestört erledigen zu können.

Wenn du, wie zuvor beschrieben, Dinge findest, die eigentlich in einen anderen Raum gehören, arbeite mit einem Korb (oder einem Beutel/einer Box o. Ä.). Alles, was deine Aufmerksamkeit von der eigentlichen Tätigkeit ablenken könnte, wird in diesen Korb gelegt. Wenn die Arbeit abgeschlossen ist, kannst du dich um die abgelegten Dinge kümmern. So wirst du die Aufgaben endlich abschließen und siehst **Erfolge.** Um dich selbst noch mehr zu motivieren, kannst du nach diesen kleinen Aufgaben bewusste Pausen einplanen.

Fokussiert

aufräumen & ausmisten

Mach dir einen Plan

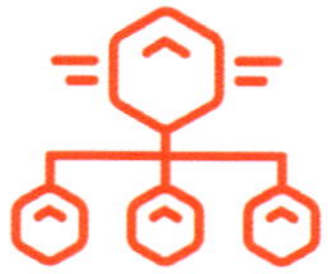

Erledige kleine Aufgaben

Schalte dein Handy aus

Räume alles an seinen Platz

Nutze einen Timer

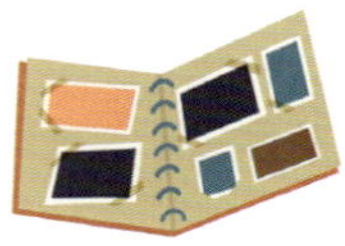

Lege neue Reize beiseite

Wohin mit dem ganzen Zeug?

Nach dem Ausmisten stellt sich in der Regel die Frage: Wohin mit dem ganzen Zeug? Alles in den Müll? Nein, bloß nicht! Wegwerfen sollte immer die letzte Option sein.

Aussortierte Sachen kannst du meistens noch gut verkaufen, verschenken oder spenden.

Verkaufen

Gebrauchte Sachen zu verkaufen, macht immer dann besonders Sinn, wenn sie noch gut erhalten sind. Wenn du nach einer großen Ausmistaktion viele Dinge auf einmal zu verkaufen hast, ist ein Flohmarkt oft die beste Lösung. Hier investierst du zunächst zwar eine Standgebühr und deine Zeit, hast aber die Chance, viel auf einmal loszuwerden und dabei auch noch etwas **Geld** für deine aussortierten Sachen zu bekommen. Vor allem auf Themenflohmärkten (z. B. Kindertrödel) stehen die Chancen gut, Dinge zu verkaufen, da die entsprechende Zielgruppe vor Ort ist. Das Packen, Auf- und Abbauen, der Tag vor Ort sind allerdings auch ein großes Stück Arbeit und du hast keine Garantie, dass du deine Sachen wirklich loswirst. Im schlimmsten Fall musst du den Großteil am Nachmittag wieder mit nach Hause nehmen und dir dann eine neue Strategie überlegen.

Zum Verkauf kannst du außerdem verschiedene Online-Plattformen nutzen. Du machst ein Foto, schreibst eine kurze Beschreibung und stellst den Artikel online. Das kann bei Einzelverkäufen sehr aufwändig sein: Fotos machen, Beschreibung erstellen, Fragen beantworten, Zahlungseingang prüfen, Gegenstand verpacken und versenden bzw. Termin zur Abholung vereinbaren. Bei wenigen Einzelteilen lohnt sich der Aufwand, doch bei 30 Baby-Kleidungsstücken macht ein gebündelter Verkauf als Paket mehr Sinn. Wenn dir das Aufbereiten zu aufwändig ist, kannst du vielleicht dein (schon größeres) Kind dazu motivieren, die Dinge zu verkaufen – die Einnahmen darf es dann komplett oder teilweise selbst behalten.

Verschenken

Nicht immer lohnt sich das Verkaufen. Vielleicht hast du Familienmitglieder oder Freunde, die die aussortierten Sachen noch nutzen können. Achte aber bitte darauf, deinen Krempel nicht jemand anderem anzudrehen.

Oft trauen sich beschenkte Personen nicht, Nein zu sagen und nehmen die Dinge einfach an. So gibst du dein Gerümpel an die nächste Person weiter. Frage also nur, wenn du dir sicher bist, dass die beschenkte Person die Dinge gebrauchen kann und mache deutlich, dass ein Nein auch total okay für dich ist.

Ich bin auch schon viele Dinge vor meiner Haustür losgeworden. Dabei habe ich eine Kiste aussortierter Dinge mit einem „Zu verschenken"-Schild vor die Tür gestellt und bis zum Abend ist sie meist leer gewesen. In den meisten Kommunen darfst du das allerdings nur auf privaten Grundstücken machen. Beachte die Vorgaben deiner Stadt, da es sonst zu Bußgeldern kommen kann. Lasse die Sachen nicht zu lange stehen und hole sie zeitnah wieder rein, wenn du merkst, dass niemand Interesse hat.

In vielen Städten gibt es zudem Bücherschränke, in die du aussortierte Bücher stellen kannst. Beachte hier unbedingt die geltenden Regeln in deiner Stadt. Auch bei den gängigen Online-Verkaufsportalen gibt es die Möglichkeit, Dinge zum Verschenken anzubieten.

Spenden
Spenden ist eine tolle Sache und etwas, was ich gerne mache. Doch nicht immer werden alle Dinge angenommen. Das wichtigste beim Spenden: Die Sachen müssen sauber, funktionsfähig und auch anderweitig in Ordnung sein. Informiere dich über Einrichtungen in deiner Nähe: Sozialkaufhaus, Kleiderkammer, Tierheim ... Bevor du dir die Mühe machst, alles dorthin zu bringen, mach dich am besten telefonisch schlau, ob deine Sachen überhaupt **benötigt** und angenommen werden. Es ist ärgerlich, wenn du dir die Mühe machst und dann mit vollgepacktem Auto wieder nach Hause fahren musst.

Entsorgen
Nicht alles kann ein neues Zuhause finden, manche Dinge sind einfach nicht mehr zu gebrauchen. Beim Entsorgen solltest du darauf achten, dass die **Rohstoffe** so gut es geht weiterverwendet werden. Am einfachsten ist hierbei die Mülltrennung zu Hause. Kaputte Trinkgläser, Glasscheiben und Spiegel dürfen übrigens nicht über den Altglascontainer entsorgt werden. Möbel kannst du gegen ein Entgelt vom Sperrmüll abholen lassen, kaputte Elektrogeräte gehören auf den Recyclinghof. Solltest du ein komplettes Haus entrümpeln, kann es je nach Umfang auch sinnvoll sein, einen Container zu bestellen.

KAPITEL 2

Ordnung machen

Nun, da du die Basics für das Ausmisten kennst, wollen wir Gas geben und endlich zur Umsetzung kommen. Auf den nächsten Seiten erfährst du, wie du am besten anfängst, Ordnung zu machen, und bekommst konkrete Tipps für jeden Raum an die Hand. Los geht's!

Wenn du nicht weißt, wo du anfangen sollst

Bevor wir starten, ermitteln wir zunächst den Status aller Räume in deinem Zuhause. Nutze dazu die „Raum-Checkliste" auf Seite 41. Dabei ist es wichtig, dass du ehrlich zu dir selbst bist.
Als erstes schaust du dir jeden Raum einmal im Detail an. Wie würdest du den aktuellen Status in diesem Raum definieren? Trage es in die Liste ein. Im folgenden erkläre ich dir, wie du die Liste befüllst und nutzt.

Fülle ein Kästchen aus, wenn du dich im bestimmten Raum sehr unwohl fühlst. Hier herrscht Chaos, es ist ungemütlich und die Vorstellung, dass eine andere Person unangemeldet hier reinschaut, bereitet dir Bauchschmerzen.

Für einen Raum, der zwar chaotisch ist, allerdings nicht das blanke Entsetzen bei dir auslöst, füllst du zwei Kästchen.

Du findest den Raum aktuell recht neutral. Du fühlst dich nicht unwohl, besonders gemütlich ist es allerdings auch nicht. Fülle drei Kästchen aus.

Eigentlich bist du schon zufrieden, doch ein paar Kleinigkeiten vertragen noch einen Feinschliff? Dann fülle für diesen Raum vier Kästchen aus.

Fünf Kästchen darfst du ausfüllen, wenn du dich rundum wohl im bestimmten Raum fühlst. Hier bist du gerne und kannst Kraft tanken!

Unter *Prio* kannst du eintragen, wie wichtig dir die Ordnung in besagten Räumen ist. Notiere eine 1 für sehr wichtig: Hier stresst dich Un-

Raum *Check*

Raum	Aktueller Status ☹ → ☺					Prio
Flur						◯
Küche						◯
Esszimmer						◯
Wohnzimmer						◯
Gäste WC						◯
Schlafzimmer						◯
Kleiderschrank						◯
Kinderzimmer						◯
Badezimmer						◯
Arbeitszimmer						◯
Waschküche						◯
Keller						◯
Dachboden						◯
						◯
						◯

ordnung besonders schnell und du möchtest diesen Raum dauerhaft ordentlich halten.

Wenn du bei einem Raum eher gelassen bist, die Ordnung dort zwar wünschenswert, aber nicht essenziell für dich ist, dann notiere eine 2.

Wenn dir Ordnung in einem Raum eher unwichtig ist, notiere eine 3: In diesem Raum darf gerne mal das Chaos herrschen, ohne dass du Schweißausbrüche bekommst.

Durch das Definieren der aktuellen Situation und das Festlegen der **Prioritäten** bekommst du einen guten Überblick über deine aktuelle Ordnungs- und Wohlfühlsituation und weißt genau, wo deine Baustellen sind.

Durch den Raum-Check hast du nun eine gute Übersicht bekommen. Suche dir die Räume aus, in denen dir Ordnung sehr wichtig ist. Das sollten nicht mehr als ein bis drei Räume sein. Hier stresst dich Unordnung besonders schnell und der Wunsch, diese Räume ordentlicher zu gestalten, ist bei dir sehr groß. Hier setzt du deinen Fokus.

Nun stehst du womöglich vor einem großen Berg an Aufgaben und weißt nicht, wo du anfangen sollst. Um Struktur in deine Gedanken zu bekommen, lege dir die Checkliste bereit und schreibe alle Aufgaben auf, die dir zu diesem Raum einfallen. Notiere dir gleichzeitig auch den Aufwand: Wie viel Zeit benötigst du zum Erledigen der jeweiligen Aufgabe? Musst du eventuell in Möbel, Handwerker oder anderes investieren?

Gut geplant ist halb gewonnen! Indem du dir bewusst Zeit nimmst und dich mit den anstehenden Aufgaben auseinandersetzt, wird es dir leichter fallen, in die **Umsetzung** zu kommen. Jetzt hast du nicht mehr eine große Aufgabe vor der Brust, sondern viele kleine Teilschritte, die dich deinem Ziel näherbringen werden. Dieses Vorgehen wird leider oft unterschätzt und gerne übersprungen. Das kann dazu führen, dass du dich in Kleinigkeiten verlierst, Sachen hin und her räumst, nicht weiterkommst und irgendwann frustriert ganz aufgibst. Investiere die Zeit und mache dir einen Plan für jeden Raum. So kannst du gezielter vorgehen und auch kleine Zeitfenster besser nutzen. Schritt für Schritt wirst du deinem Wohlfühlzuhause näherkommen.

Auf den folgenden Seiten findest du Ordnungs-Tipps für die einzelnen Räume in deinem Zuhause. Halte dich an deine Prioritätenliste und wähle die Reihenfolge ganz individuell aus.

Check *Liste*

Wenn ein Plan nicht funktioniert, ändere den Plan, doch niemals das Ziel

Priorisiere deine Aufgaben und gönne dir bewusst Pausen.

PRIO	AUFGABE	ZEIT-/KOSTEN-AUFWAND	✓
			☐
			☐
			☐
			☐
			☐
			☐
			☐
			☐
			☐
			☐
			☐
			☐
			☐
			☐
			☐
			☐
			☐

Wohlfühlatmosphäre für dein Zuhause

Die Atmosphäre bestimmt das Wohlbefinden in einem Raum. Es gibt Räume, die betritt man und fühlt sich direkt wohl. Die Atmosphäre ist angenehm und **einladend.** Andere Räume hingegen wirken kühl und verstrahlen keine Gemütlichkeit. Auch wenn die Wahrnehmung sehr individuell ist, gibt es Faktoren, die zu einer Wohlfühlatmosphäre beitragen können – ganz unabhängig von Stil und Design. Welche Faktoren das sind und wie du sie für dich nutzen kannst, verrate ich dir jetzt:

Raumklima

Das Raumklima beschränkt sich auf die wesentlichen Faktoren Temperatur, Luftfeuchtigkeit und Luftqualität. Ein kalter, muffiger Raum mit Schimmel an den Wänden wirkt wohl für die wenigsten Personen einladend und gemütlich. Das Temperaturempfinden kann sich von Mensch zu Mensch stark unterscheiden. Als Richtwert kann man eine Temperatur von 20 °C bis 23 °C und eine Luftfeuchtigkeit zwischen 40 % und 60 % nennen. Regelmäßiges Lüften trägt ebenfalls zu einem guten Klima bei.

Ordnung

Ordnung kann sehr zur Gemütlichkeit beitragen. Versuche vor allem große Flächen frei zu halten. Egal ob Esstisch oder Kommoden – viele herumstehende Kleinigkeiten sorgen für Unruhe und lenken ab. Konzentriere dich aus diesem Grund lieber auf ausgewählte einzelne Dekorationselemente. **Einheitliche** Flächen wirken ruhiger. Daher lohnt es sich auf geschlossene Möbel zu setzen. Hast du bereits offene Regale, kannst du mit einheitlichen Körben für optische Ruhe sorgen.

Sauberkeit

Ein Mindestmaß an Sauberkeit sollte Pflicht sein. Ich denke, dass sich niemand inmitten von verdorbenen Lebensmitteln und verstaubten Möbeln richtig **entspannen** kann. Achte auf einen sauberen Boden und sorge vor allem dafür, dass glänzende Flächen wie Spiegel und Armaturen sauber sind. Diese Faktoren lassen uns unbewusst darüber entscheiden, ob wir einen Raum als sauber wahrnehmen oder nicht.

Licht

Das Licht kann die Stimmung in einem Raum maßgeblich beeinflussen. Natürliches Licht wirkt sich besonders positiv auf das **Wohlbefinden** aus. Da leider nicht jeder Raum lichtdurchflutet ist, kannst du mit gezielter Beleuchtung für Gemütlichkeit sorgen. Indirekte Lichtquellen und eine warme Lichttemperatur erzeugen ein besonders wohnliches Ambiente. Auch eine angezündete Kerze kann Wunder bewirken und den Raum gleich gemütlicher wirken lassen.

Pflanzen

Pflanzen bringen Lebendigkeit und Frische in einen Raum. Sie sorgen für eine Verbesserung der Luftqualität und steigern so das Wohlbefinden. Dabei gilt natürlich zu beachten, dass sie regelmäßig gegossen und gepflegt werden – nur so bleiben sie lange eine Freude fürs Auge.

Farben

Farben haben einen großen Einfluss auf die Atmosphäre in einem Raum. Je mehr verschiedene Farben in einem Raum präsent sind, desto unruhiger wirkt er. Versuche den gesamten Raum möglichst in gleichen Farbnuancen zu halten, das sorgt für optische Ruhe und Wohlfühlatmosphäre.

Wenn du einen Raum verändern möchtest, überlege dir vorher ein Konzept. Mache dir Gedanken darüber, welche Atmosphäre du schaffen möchtest und sammle **Inspiration** z. B. im Internet.

Auf den nächsten Seiten findest du Anregungen, welchen Aspekten du in den jeweiligen Räumen besondere Beachtung schenken kannst. Die Basis bildet hierbei immer ein gründliches Ausmisten! Wenn du alles nur in Organizer stopfst, dich aber nicht mit deinem Gerümpel auseinandersetzt, wirst du leider keine langfristigen Erfolge erzielen können.

PROBLEMZONE: *Küche*

Meine persönliche Ordnungsreise hat damals in der Küche begonnen. Es war der Raum in meinem Haus, in dem das Chaos immer wieder am schnellsten ausbrach und wo es mich am meisten gestört hat. Mittlerweile haben wir es gut im Griff und beenden jeden Tag mit einer **sauberen** Küche. Und weißt du, was das Beste daran ist? Wir starten dadurch auch jeden Morgen mit einer aufgeräumten Küche! Das beeinflusst meinen Start in den Tag definitiv positiv, denn ich muss mich morgens nicht erst mit dem Chaos des Vortages umherschlagen.

Wenn ich mit meinen Kund*innen die Küche organisiere, höre ich ganz oft: „Wir haben einfach zu wenig Stauraum!" In kleinen Küchen mag das stimmen, doch fast immer ist das Problem all der Krempel, der sich in den Schränken angesammelt hat.

Mit der Zeit häufen sich in der Küche viele Dinge an und man besitzt mehr als man tatsächlich benutzt. Vor allem saisonale Utensilien oder selten genutzte Küchengeräte nehmen dabei viel Platz in Anspruch. Platz, den die wenigsten in der Küche haben. Das Fondue, das womöglich nur an Weihnachten genutzt wird, muss, so wie die Osterbackform, nicht das ganze Jahr in der Küche gelagert werden. Wenn es dir möglich ist, solltest du genau diese Dinge **auslagern** und beispielsweise im Keller aufbewahren. Hinterfrage, welche großen Geräte und Gegenstände wirklich genutzt werden. Bei allem, was seit einem Jahr nicht mehr in Gebrauch war, ist die Wahrscheinlichkeit hoch, dass es in einem anderen Zuhause besser aufgehoben wäre. Alles, was nicht mehr genutzt wird, sollte aussortiert werden: Deckel ohne passende Gefäße, kaputte Pfannen, ungenutzte Kochbücher, abgelaufene Lebensmittel, Krimskrams aus diversen Schubladen …
Gehe Schrank für Schrank durch. Räume alles

aus, kategorisiere, reduziere und mach die Schränke sauber. Du wirst erstaunt sein, wie viel hier zusammenkommt! Wenn du unentschlossen bist, fokussiere dich wieder zuerst auf das, was bleiben soll. So fällt es dir leichter Dinge zu finden, die kaum genutzt werden.

Fünf Küchenzonen

Bevor du deine Küche neu einräumst, kannst du sie **gezielt** in Zonen einteilen. Ich empfehle dir diese fünf Zonen:

1 **Kochen/Backen**
Deine Kochutensilien (Töpfe, Pfannen, Kochlöffel ...) werden nah am Herd, die Backbleche nah am Backofen aufbewahrt.

2 **Spülen**
Die Spülzone besteht aus Waschbecken und Spülmaschine. Hier kannst du Spül- und Reinigungsmittel sowie Spül- und Geschirrtücher lagern.

3 **Vorbereiten**
Die Vorbereitungszone ist deine Arbeitsfläche. Sie liegt im Optimalfall zwischen Koch- und Spülzone, sodass du möglichst flüssige Abläufe beim Kochen hast.

4 **Aufbewahren**
Besteck, Teller und Gläser (alles, was du täglich nutzt) werden bestenfalls nah an der Spülzone aufbewahrt, sodass dir das Aus- und Einräumen leichter fällt.

5 **Bevorraten**
Wenn die Bevorratungszone in der Nähe der Kochzone liegt, hast du deine Lebensmittel schneller griffbereit. Je häufiger die Nutzung, desto näher der Platz. Aus diesem Grund findet die Gewürzbevorratung sehr nah am Herd statt.

Wenn du dir deine Abläufe bewusst machst, kannst du die Küche effizient einräumen und hast zukünftig deine Utensilien schneller griffbereit.

Ordnungshelfer

Mit dem Einräumen deiner Schränke teilst du jedem Gegenstand einen festen Platz zu. Zusätzliche Regaleinsätze ermöglichen dir, die Höhe deiner Schränke optimal zu nutzen. Mit Drehtellern schaffst du dir einen großartigen **Überblick** in tiefen Schränken und Schubladentrenner sorgen dafür, dass dein (Koch-)Besteck an seinem Platz bleibt.

Um Ordnung in deine Trockenvorräte zu bekommen, empfehle ich dir das Umfüllen in Vorratsbehälter. Eckige Modelle lassen sich in Schränken besser nebeneinanderstellen und füllen so den Platz perfekt aus. Auch hier müssen es nicht immer neu gekaufte Behälter sein, ausgespülte Konservengläser eignen sich bestens für die Bevorratung. Denke auch daran, die Behälter zu beschriften, sodass sich jedes Familienmitglied zurechtfinden kann. Achte bei deinen Vorratsbehältern unbedingt darauf, dass sie dicht abschließen, so schützt du deine Vorräte vor Ungeziefer. Wenn du dir schon einmal Lebensmittelmotten eingefangen hast, weißt du, wie schnell sich diese ausbreiten können.

Freie Arbeitsfläche

Jetzt geht es an die Arbeitsplatte. In vielen Haushalten wird sie eher als Stauraum und nicht als Arbeitsplatz genutzt. Meine absolute Empfehlung für dich: Halte deine Arbeitsfläche möglichst leer. Das gibt dir Platz zum Arbeiten und schafft **optische Ordnung**. Ein weiterer Bonus: Alles, was nicht herumsteht, muss auch nicht regelmäßig sauber gemacht werden. Eine Küchenmaschine, die nur einmal pro Monat genutzt wird, ist ein Staubfänger, der unnötig Platz wegnimmt. Praktische Wandhalterungen für Küchenrollen oder Magnetleisten für Messer unterstützen dich dabei, die Arbeitsfläche frei zu halten. Wie frei sie sein sollte, ist ganz allein deine Entscheidung, denn du selbst definierst dein Bedürfnis nach Ordnung.

Wenn die Ordnung in deiner Küche langfristig bleiben soll, ist es wichtig, die Dinge zukünftig wieder an ihren Platz zurückzustellen. Weise daher auch deine Familie oder Mitbewohner ein und erkläre ihnen die neue Ordnung.

Sauberkeit und Hygiene

Sauberkeit ist in der Küche ein besonders wichtiger Punkt. Hier, wo das Essen zubereitet wird, sollte Hygiene großgeschrieben werden. Insbesondere das Spülbecken kann sich zu einer Keimschleuder entwickeln. Mache es zu deiner Routine, jeden Abend deine Spüle zu säubern. Entferne Essensreste, tausche den Spüllappen und trockne das Becken ab. So haben Keime keine Chance und du hast den Vorteil, dass die Küche gleich sauberer aussieht. Bei uns zu Hause war das die erste feste Routine, die wir etabliert haben. Jeder Abend wird mit einer sauberen Spüle abgeschlossen. Du wirst erstaunt sein, welchen Einfluss das auf deine Küche haben wird.

PROBLEMZONE:
Wohn- und Essbereich

Der Wohn- und Essbereich ist wohl der zentralste Raum in jedem Zuhause. Hier findet ein Großteil des Familienlebens statt, man verbringt dort entspannte Abende und empfängt Besuch, daher ist vielen Menschen die Ordnung hier besonders **wichtig.** Wenn du ein paar Dinge beachtest, wird es dir zukünftig einfacher fallen, in diesen Bereichen Ordnung zu halten.

Da der Wohnbereich für viele unterschiedliche Aktivitäten genutzt wird, lassen sich dort verschiedenste Dinge finden. Unordnung zieht hier besonders schnell ein, denn in diesem Raum wird gelebt, gegessen, gespielt, entspannt und noch viel mehr. Wo gelebt wird, entsteht Unordnung. Unser Ziel ist nun aber nicht, dass es niemals unordentlich werden darf, sondern die Unordnung täglich schnell wieder in den Griff zu bekommen.

Genügend Stauraum kann dich dabei maßgeblich unterstützen, aber denk immer daran: Du kannst noch so viel Stauraum haben, wenn du nicht sorgfältig ausmistest, wird das Chaos dich immer wieder einholen. Betrachte alle Möbelstücke als potenziellen Stauraum, besonders wenn **Neuanschaffungen** geplant sind. Viele Sofas und Couchtische haben integrierte Kästen oder Schubladen, die sich super für Gästebettwäsche, Sportutensilien oder Spielsachen verwenden lassen.

Optische Ruhe

Zum Entspannen benötigst du einen Raum, in dem deine Gedanken und dein Körper zur Ruhe kommen. Das wird oftmals durch visuelle Reize von zu vielen herumstehenden Gegenständen in bunten Farben und Mustern verhindert. Diese Reizüberflutung stresst deine Augen und lässt dich nur schwer abschalten. Wenn du die nachfolgenden Punkte beachtest, wird es dir gleich viel leichter fallen, visuelle Überreizungen zu minimieren:

- Versuche Flächen wie Fensterbänke oder Sideboards frei zu halten. Das schafft optische Ruhe und erleichtert dir zudem das Saubermachen. Entscheide dich aus diesem Grund lieber für wenige besondere Dekoelemente, als unzählige Kleinigkeiten.

- Einheitliche Körbe bringen ebenfalls Harmonie in offene Regalsysteme. Praktischerweise lässt sich in ihnen meist mehr aufbewahren als in offenen Regalen.

- Auch Farben und Beleuchtung wirken sich auf die Gemütlichkeit im Wohnbereich aus. Einheitliche Farbtöne und indirekte Lichtquellen sorgen für den extra Wohlfühlfaktor.

- Kabelsalat in der TV-Ecke wirkt chaotisch und ungemütlich. Nimm dir die Zeit und bringe Ordnung in dein Kabelchaos. Kabelkanäle und Kabelboxen sorgen dabei für eine effiziente optische Aufwertung.

- Wenn du den Esstisch gelegentlich als Arbeitsplatz nutzt, solltest du einen festen Platz für deine Arbeitsutensilien finden. Wenn die Regale und Schränke das nicht hergeben, kann schon eine einfache Kiste für Ordnung sorgen. Diese sollte groß genug sein, dass auch der Laptop hineinpasst. So gibst du den Dingen einen Rahmen und alles wirkt gleich ordentlicher.

Lass es zur Routine werden, jeden Tag ein paar Minuten im Wohnbereich aufzuräumen. Stell dir einen Timer auf 10 Minuten und leg los. Wenn jeder Gegenstand seinen festen Platz hat, geht es wirklich schnell. Achte gezielt darauf, welche Dinge du immer wieder hin und her räumst. Finde nach und nach feste Plätze für diese.

Das Aufräumen des Wohnbereichs ist bei uns zu Hause fester Bestandteil der Abendroutine. Mir ist es wichtig, dass ich am Abend im Wohnbereich Raum für **Entspannung** habe. Zusätzlich ist der Start in den Tag für mich persönlich ausgeglichener, wenn mich am Morgen eine aufgeräumte Umgebung erwartet. In der Regel helfen beim abendlichen Aufräumen alle mit und es wird in wenigen Minuten wieder eine Grundordnung hergestellt. Den größten Part nimmt dabei aktuell das Kinderspielzeug ein. Mit zwei Kindergartenkindern ist das Spielzeug bei uns noch hauptsächlich im Wohnzimmer zu finden. Doch auch hier wird das Chaos mit kindgerechten Ordnungssystemen und Aufräumspielen schnell wieder eingedämmt. Mehr dazu erfährst du ab Seite 60.

PROBLEMZONE: Eingangsbereich

Der Eingangsbereich ist der erste Raum der Wohnung, den du und Besucher betreten. Er ist ausschlaggebend für den ersten (unbewussten) Eindruck deines Zuhauses. Ein ordentlicher Flur gibt dir beim Betreten sofort ein gutes Gefühl. Wenn du das nächste Mal nach Hause kommst, achte ganz bewusst darauf, wie du dich dabei **fühlst.** Was würdest du als Fremde*r denken? Fühlst du dich willkommen oder hast du das Gefühl, ungelegen zu kommen? So bekommst du einen guten Eindruck davon, was du ändern möchtest.

In so manchem Eingangsbereich tümmeln sich zahlreiche Jacken, unzählige Schuhe und Dinge, die dort einfach nur abgeladen wurden. Auch hier ist der erste Schritt wie immer das Ausmisten. Reduziere zunächst die Menge der Kleidungsstücke, die du im Eingangsbereich aufbewahrst. Lass dort nur die Jacken sichtbar hängen, die aktuell regelmäßig getragen werden. Saisonale Kleidung kannst du auslagern und gewinnst so viel Platz. Schaue auch nach den Schuhen. Gerade, wenn du kleine Kinder hast, findest du gelegentlich Schuhe, die schon lange nicht mehr passen. Gib diesen Raum **frei** und trenne dich von Altlasten.

Bilde Kategorien, die zu dir und deinem Alltag passen. Möchtest du zum Beispiel alle eure Mützen an einem Ort sammeln oder ist es dir wichtiger, alle Dinge von nur einer Person jeweils an einem Ort aufzubewahren? Mache dir bewusst, was für dich alltagstauglich ist und kategorisiere die Gegenstände entsprechend.

Vor allem im Eingangsbereich ist Stauraum sehr nützlich. In der Regel bewahren wir hier eine Menge auf, doch in den seltensten Fällen haben große Möbel Platz. Daher sollte man den (oft begrenzten) Raum gut nutzen. Das kann zum Beispiel so gelingen:

- kleine Haken sind eine tolle Alternative zu großen Garderoben
- aufklappbare Sitzbänke bieten extra Stauraum
- auch der Platz unter einer Treppe kann gelegentlich Aufbewahrungsmöglichkeiten bieten
- die Rückseite einer Tür kann mit einem Hängeorganizer optimal für die Aufbewahrung von Kleinteilen (z. B. Mützen und Handschuhe) genutzt werden
- Körbe und Etiketten können bei der Organisation des Flurs ebenfalls hilfreich sein
- einheitliche Aufbewahrungselemente und geschlossene Regale sorgen für optische Ruhe

Finde für jeden Gegenstand einen festen Platz und gewöhne dir an, alles an seinen Platz zurückzustellen. Du suchst ständig deine Schlüssel? Gib deinen Schlüsseln einen festen Platz! Egal, ob Schlüsselbrett oder eine hübsche Schale, das Suchen in Jacken- und Handtaschen hat zukünftig ein Ende.

Wenn deine Problemzone eher die Treppe ist, die ständig mit einer Menge Dinge zugestellt wird, denke über ein „Treppenkörbchen" nach – ein hübsches, dekoratives Körbchen, in das all die Sachen gelegt werden, die in das andere Stockwerk gehören. Das gibt den Dingen einen festen Platz und wirkt direkt ordentlicher. Sobald jemand hoch- bzw. runtergeht, kann das Körbchen mitgenommen und die Sachen entsprechend aufgeräumt werden.

Ist dein Eingangsbereich eng und dunkel, kannst du mit hellen Farben, der richtigen Beleuchtung und einem Spiegel den Raum größer wirken lassen. Quietschende Scharniere und kaputte Türklinken gehören zu den kleinen Feinheiten, die für Unbehagen sorgen können. Achte zudem auch darauf, dass sich deine Eingangstür immer weit öffnen lässt und hänge nichts über die Türklinke. So sorgst du für **Wohlbefinden** beim Betreten deiner Wohnung.

PROBLEMZONE:
Schlafzimmer

In deinem Schlafzimmer verbringst du gut ein Drittel deines Lebens. Es ist der wohl privateste Bereich in deinem Zuhause und dient deiner **Regeneration.** Dein Schlafzimmer ist der Ort, an dem du dich erholst und deine Akkus auflädst.

Neben deiner Matratze wirkt sich auch das Ambiente des Schlafzimmers entscheiden auf dein Wohlbefinden aus. Leider nutzen viele Menschen das Schlafzimmer auch als Arbeitsplatz, Fitness- oder Lagerraum. Wenn das Licht ausgemacht wird, ist das Chaos ja schließlich nicht mehr sichtbar. Doch dieses Chaos führt zu Unruhe, du bist gestresst und unausgeglichen.

Versuche, wenn möglich, deinen Arbeitsplatz vom Schlafplatz zu trennen. Das gilt nicht nur für den Schreibtisch, sondern zum Beispiel auch für das Bügelbrett. Vielleicht gibt es in einem anderen Raum eine Ecke, die sich zum Arbeiten eignet? Wenn deine Arbeit in unmittelbarer Nähe zum Bett steht, kann das negative Auswirkungen auf deinen Schlaf haben und Stress auslösen. Das Schlafzimmer sollte ein Ort der Erholung sein. Da das nicht immer möglich ist, solltest du in dem Fall, dass dein Arbeitsplatz im Schlafzimmer liegt, besonders viel Wert auf einen ordentlichen Schreibtisch legen.

Ein gemachtes Bett lässt den gesamten Schlafraum ordentlicher erscheinen. Das Zimmer wirkt sofort einladender und es dauert auch nur **eine Minute** die Kissen aufzuschütten und die Bettdecken ordentlich zusammenzulegen. Wenn du morgens dein Bett machst, startest du gleich mit einer produktiven Einstellung in den Tag – und du kannst dich am Abend auf ein gemachtes Bett freuen. Mit genügend Sauerstoff, den du beim Lüften morgens und abends hineinlässt, schläft es sich auch gleich viel besser.

Egal ob Nachttisch oder Kommode – freie Flächen wirken beruhigend und fördern

deine Entspannung. Herumstehende Kleinigkeiten sorgen automatisch für Unruhe, dies gilt auch für offene Regale und Schränke. Einheitliche Flächen wirken wesentlich ruhiger, daher lohnt es sich, im Schlafzimmer geschlossene Möbel zu verwenden. Hast du bereits offene Regale, können dir einheitliche Körbe und Boxen helfen, für optische Ruhe zu sorgen.

Damit dein Schlafzimmer ordentlich aussieht und auch dauerhaft so bleibt, ist es wichtig, für alle Gegenstände einen festen Platz zu finden. So kannst du die Gegenstände bis zu ihrer Nutzung optimal aufbewahren. Der Stauraum im Schlafzimmer sollte generell sinnvoll genutzt und der Raum nicht überladen werden. So wird zum Beispiel gerne der Platz auf den Schränken als **Lagerfläche** für allerlei – oftmals unnötigen – Gegenstände verwendet. Doch genau das sind die kleinen Feinheiten, die zu einem drückenden Gesamtbild führen.

Auch Farben und die Beleuchtung beeinflussen das Wohlbefinden in deinem Schlafzimmer enorm. Setze besonders hier auf gedeckte, harmonische Farben und warmes Licht, um völlig entspannen zu können.

PROBLEMZONE: Kleiderschrank

Hast du schon einmal vor deinem vollen Kleiderschrank gestanden und dir die Frage gestellt, warum du nichts zum Anziehen hast? Damit bist du nicht allein. Auch ich hatte früher oft das Gefühl, zwei Meter Schrank, aber nichts zum Anziehen zu haben, bis ich die Ursache dafür gefunden habe: Ich kannte meinen **Stil** nicht und habe planlos Dinge gekauft, die nicht zu mir passten. Heute kaufe ich viel bewusster ein und habe eine goldene Regel: Kaufe keinen Kompromiss! Denn egal was es ist, das mich schon beim Anprobieren stört, es wird im Alltag nicht besser werden. Im Gegenteil wird es dazu führen, dass ich das Kleidungsstück nicht anziehe und es letztendlich zum Schrankhüter wird. Lies dir zu diesem Thema unbedingt ab Seite 78 das Kapitel „Hinterfrage dein Konsumverhalten" durch und erfahre, wie du Fehlkäufe in Zukunft vermeiden kannst.

In vielen Fällen hat der Kleiderschrank ein unfassbar großes Ausmist-Potenzial. Ich bin der Meinung, es sollte das Ziel sein, deinen Kleiderschrank zu deiner persönlichen kleinen **Boutique** zu verwandeln. Ein Schrank, gefüllt mit Kleidungsstücken, in denen du dich gut fühlst. Kleidungsstücke, die zu dir und deinem Alltag passen. Du sollst zufrieden vor deinem Schrank stehen können und eine Auswahl an Lieblingsteilen haben. Das klingt gut, oder? Dann lass uns starten!

Versuche als erstes ein Gefühl für deinen persönlichen Stil zu bekommen. Kleidung kann deine Persönlichkeit unterstreichen und einen positiven Einfluss auf dein Auftreten haben. Das bedeutet aber auch, dass man es dir ansehen kann, wenn du dich in deiner Kleidung nicht wohlfühlst.

Um deinen persönlichen Stil zu finden, musst du nicht zwingend in eine Stilberatung investieren. Analysiere deine Figur und finde deine Stärken heraus. Im Internet findest du zahlreiche Beiträge zum Thema Figurtyp, die dir dabei helfen können, deine Stärken zu betonen.

Welche Kleidung trägst du besonders gerne? Sind es immer wieder ähnliche Schnitte, Materialien oder Muster? Worin fühlst du dich besonders wohl? So bekommst du ein gutes **Gespür** für dich und deinen Stil. Der Fokus liegt also nicht auf deinen vermeintlichen Schwachstellen, sondern auf deinen Stärken und einem guten Gefühl.

Mache dir auch bewusst, welche Farben dir besonders gut stehen. Gibt es Kleidungsstücke, die dir Komplimente einbringen, wenn du sie trägst? Welche Farben haben sie? Je nach Hauttyp gibt es Farben, die dich kränklich aussehen lassen und Farben, die dich zum Strahlen bringen. Achte bewusst darauf, was unterschiedliche Farben mit dir machen: Welche Wirkung haben sie auf deine Augen und deinen Hautton? Finde deine WOW-Farben und konzentriere dich beim Ausmisten, und zukünftig beim Shoppen, auf diese Farben.

Nachdem du dich mit deinem Stil auseinandergesetzt hast, geht es ans Reduzieren. Plane das Ausmisten in kleinen Etappen ein. Beschäftige dich immer nur mit einer Kategorie (z. B. Shirts) und hole wirklich alle Teile der Kategorie aus dem Schrank raus. Du musst sehen, wie viele Teile du wirklich hast.

Teile die Kleidung am besten in drei Kategorien ein:

1 **Lieblingsteil:** Diese Sachen kommen auf jeden Fall zurück in den Schrank.
2 **Unsicher:** Wenn du dir unsicher bist, lege die Kleidung erst beiseite. Räume sie jedoch nicht in den Schrank zurück, sondern bringe sie außer Sichtweite. Solltest du eines der Kleidungsstücke in den nächsten Wochen vermissen, hast du die Möglichkeit, es zurückzuholen. Wenn nicht, kommen die Sachen nach ein paar Wochen ganz weg.
3 **Aussortiert:** Diese Sachen dürfen endgültig gehen.

Versuche aus dem Bauch heraus zu entscheiden. Probiere die Kleidung nicht noch mal an, denn so kommst du ins Grübeln. Denk an das Ziel: Du möchtest einen Schrank voller Lieblingsteile haben. Also fokussiere dich auf diese. Bewahre **Erinnerungen** in deinem Kopf auf und nicht im Schrank. Das soll heißen: Löse dich auch von Abschlussshirts, die nicht mehr getragen werden. Natürlich kannst du gewisse Dinge als Erinnerung aufbewahren, dabei solltest du die Menge aber kritisch im Auge behalten. Leg den Fokus auf heute: Wer bist du heute? Wie möchtest du wahrgenommen werden? Entscheide bewusst, was den Platz in deinem Schrank verdient.

Diese Fragen können dir dabei helfen:
- Ziehst du das Teil gerne an?
- Passt es in deinen Alltag?
- Hast du es im letzten Jahr getragen?
- Würdest du es noch einmal kaufen?

Nach dem Ausmisten kommen wir zum Organisieren. Ich bin ein großer Fan der Filefolding-Methode. Dabei werden die Kleidungsstücke zu kleinen Päckchen gefaltet, welche dann aufrechtstehend im Schrank organisiert werden. Durch diese Faltmethode hast du eine perfekte Übersicht über deine Kleidungsstücke. Du kannst jedes Teil von oben sehen und ziehst dadurch nicht immer dasselbe an. Da von oben kein Druck auf die Kleidungsstücke kommt, zerknittern sie auch nicht. Strickkleidung wird zudem vor dem Ausbeulen geschützt. Ein weiterer **Vorteil** dieser Methode: Du schaffst es, den Schrank dauerhaft ordentlich zu halten, da du die Kleidungsstücke leicht entnehmen kannst, ohne dass die Stapel umfallen oder durcheinandergeraten.

Die Faltmethode ist für die meisten Kleidungsstücke schnell und einfach umzusetzen, wenn man erstmal den Dreh raushat. Faltanleitungen für das Filefolding findest du auf meinem Instagram-Kanal @freiraum_ordnung.

Wenn du diese Faltmethode anwendest, empfiehlt es sich, die Kleidung in Boxen aufzubewahren. Dabei müssen es keine gekauften Organizer sein. Auch Schuh- oder Versandkartons können hier wunderbar genutzt werden und ermöglichen das Filefolding auch dann, wenn man keine Schubladen hat.

Für einen besseren Überblick über deine Kleidung kannst du beim Einräumen zusätzlich darauf achten, sie nach den jeweiligen Kategorien zu sortieren.

An der Kleiderstange fühlen sich fließende Stoffe, Kleider und Jacken besonders wohl. Achte auf **ausreichend** Platz, sodass die Kleidungsstücke nicht zusammengedrängt werden. Einheitliche Kleiderbügel geben deinem Schrank den Feinschliff. Dünne Samtbügel sind besonders platzsparend und verhindern, dass die Kleidung herunterrutscht.

PROBLEMZONE: *Kinderzimmer*

Ordnung im Kinderzimmer gehört definitiv zur Königsklasse. Doch warum herrscht vor allem im Kinderzimmer so schnell Chaos? Das liegt daran, dass Kinder wachsen – und zwar sehr schnell. Kleidung wird zu klein, Spielzeug wird uninteressant. Regelmäßig kommen neue Dinge hinzu. Achte also darauf, regelmäßig auszumisten und Platz zu schaffen.

Ein total unterschätzter Punkt dabei: Starte zunächst bei dir, denn Kinder lernen am Vorbild. Du bist wesentlich authentischer, wenn du selbst Ordnung hältst. Wenn du als Bezugsperson allerdings schlechte **Laune** beim Aufräumen hast und gereizt bist, dann vermittelst du deinen Kindern, dass Aufräumen „doof" ist. Das führt maßgeblich dazu, dass das Kind nicht aufräumen möchte.

Motivation

Kinder sind meist motivierter, wenn sie nicht alleine aufräumen müssen. Hilf ihnen dabei und schafft **gemeinsam** Ordnung. Vielleicht animiert euch Musik dazu, dranzubleiben, oder ihr macht ein Wettrennen draus? Mach das Aufräumen zu etwas Spaßigem und erfülle damit das Bedürfnis deines Kindes nach Spiel und Spaß.

Spielerisch *ordentlich*

Aufräumen wie ein ...
Jeder darf sich abwechselnd aussuchen, wie aufgeräumt wird, z. B. wie ein Elefant oder rückwärts gehend.

Countdown
Stelle den Timer auf 5 Minuten und dann wird mit Vollgas aufgeräumt. Der Sieger bekommt eine Anerkennung in Form einer Siegerehrung.

Ich sehe was, das du nicht siehst
Wer den Gegenstand errät, räumt ihn an seinen Platz zurück.

Würfelspiel
Jeder räumt so viele Dinge weg, wie Augen gewürfelt wurden.

Mach ´ne Party draus!
Lieblingsmusik an und dann wird Stop-Tanz mal anders gespielt: Sobald die Musik stoppt, wird schnell aufgeräumt. Dieses Spiel ist ein schöner Abschluss, wenn Besuch da ist.

Wettbewerb
Wer ist schneller? Mama beim Einräumen der Spülmaschine oder die Kinder beim Wegräumen des Spielzeugs?

Kindgerechte Ordnungssysteme

Die Grundlage für frustfreies Aufräumen sind kindgerechte Ordnungssysteme. Unterschiedliche Kisten eignen sich hier hervorragend: eine Kiste für Puppen, eine für Autos, für Bausteine usw. Versehen mit einem Bild vom **Inhalt** der Kiste, finden schon die Kleinsten selbstständig ihr Spielzeug und können beim Aufräumen eingebunden werden.

Konkrete Aufräum-Aufgaben

Besonders für ein jüngeres Kind ist die Bitte, dass es aufräumen soll, viel zu abstrakt. Gib ihm daher **konkrete Aufgaben** wie zum Beispiel: „Bitte räum alle Autos zurück in die grüne Kiste.“ So hat das Kind eine bessere Vorstellung davon, was von ihm gewünscht wird und kann die Aufgabe so besser umsetzen. Wenn eine Aufgabe abgeschlossen ist, kann die nächste folgen.

So viel Spielzeug!

Kinder benötigen meist weniger als wir denken. Eine große Menge an Spielzeug kann sogar zu Überforderung führen, denn je mehr davon zur Verfügung steht, desto mehr wird ausgeräumt. Sie spielen dann mal hiermit, mal damit, versinken aber nicht ins tiefe Spiel. Das hat natürlich auch zur Folge, dass im Endeffekt mehr aufgeräumt werden muss. Daher lohnt es sich, die Menge an Spielzeug im Kinderzimmer zu **reduzieren.** Das bedeutet nicht, dass du alles aussortieren musst! Ein Rotationssystem kann dafür sorgen, dass alle Spielsachen auch wirklich bespielt werden. Dabei bekommt das Kind eine Auswahl an Spielzeug und die anderen Dinge werden so verstaut, dass das Kind sie nicht sieht und keinen Zugriff auf sie hat. Das Spielzeug kann nun regelmäßig ausgetauscht werden. Das führt dazu, dass das Interesse an den neu eingetauschten Spielsachen höher ist und das Kind sich intensiver mit ihnen beschäftigt. Wenn ihr dieses System testen wollt, besprich es zunächst mit deinen Kindern und erkläre es ihnen. Sie müssen verstehen, was mit ihrem Spielzeug passiert und dass es nicht für immer wegkommt.

Auch beim Entrümpeln solltest du deine Kinder unbedingt miteinbeziehen. Natürlich musst du dein Baby nicht fragen, ob du die Neugeborenen-Söckchen aussortieren darfst, doch auch schon kleine Kinder haben ein großes Gespür für ihren **Besitz.** Es geht um ihre Sachen, also dürfen sie mitentscheiden und lernen gleichzeitig, selbstständig Entscheidungen zu treffen. Für Kinder ist dieses Loslassen allerdings sehr schwer, daher brauchen sie dabei einfühlsame Führung durch uns. Wenn dein Kind jedes Teil behalten möchte, könnt ihr die Dinge ja erst mal in eine Kiste räumen und in den Keller stellen. So hat es die Sicherheit, dass die Sachen noch da sind, wenn es sie tatsächlich vermisst.

Um die Spielzeugflut einzudämmen, macht es natürlich absolut Sinn, Geschenke gut zu planen. An Geburtstagen und Weihnachten werden die Kinder gerne mal von der gesamten Verwandtschaft mit vielen Kleinigkeiten überhäuft. Da können Absprachen in der Familie helfen. Vielleicht schenken alle zusammen ein großes Geschenk und der Rest wandert ins Sparschwein? Was die richtige Strategie für euch ist, müsst ihr als Familie herausfinden.

Kinderkunst

Ein ganz schön heikles Thema, dem wir mit Feingefühl begegnen sollten, sind die Kunstwerke unserer Kleinen. Keine Frage, es ist schön, wenn Kinder kreativ sind und uns mit Bildern und Basteleien überhäufen. Doch wohin mit all den **Kunstwerken?** Einfach wegwerfen? Bloß nicht! Schenke deinem Kind Wertschätzung und beziehe es ein. Findet gemeinsam einen schönen Platz, an dem es sein Kunstwerk ausstellen darf – bei uns ist das eine Kommode im Esszimmer. Hier steht ein hübscher Bilderrahmen, in dem immer ein Kunstwerk ausgestellt und von allen gesehen wird. Das Kind darf dabei entscheiden, was in den Rahmen kommt und wann getauscht werden soll. Basteleien werden ebenfalls dort präsentiert.

Wenn ein Bild ausgetauscht wird, entscheidet ihr gemeinsam, was damit geschieht. Hier einige Möglichkeiten:

- Das Bild wird im Original aufbewahrt, zum Beispiel in einer Mappe, Hängeregisterbox oder Erinnerungskiste (am besten Name und Datum draufschreiben).
- Das Kunstwerk wird abfotografiert und digital gespeichert. In einem digitalen Ordner werden die Kunstwerke zunächst gesammelt. Einmal im Jahr wird dann ein kleines Album daraus erstellt.
- Die Zeichnung soll nicht aufbewahrt werden? Dann hol dir die Erlaubnis zum Entsorgen oder schenkt das Bild jemandem (vielleicht hat die Oma nächste Woche Geburtstag und freut sich über die Zeichnung ihres Enkels).

Mithilfe im Haushalt

Genau wie beim Aufräumen gilt auch beim Haushalt: Es geht leichter, wenn es Spaß macht und **freiwillig** geschieht. Schon kleine Kinder haben ein sehr ausgeprägtes Bedürfnis nach Autonomie: Sie lieben es, Dinge selbst tun zu können. Anstatt zu bestimmen, was dein Kind im Haushalt machen soll, frag es, welche Aufgabe es freiwillig übernehmen möchte. Uns hilft dabei eine Übersicht auf einer Magnetwand mit altersgerechten Haushaltsaufgaben, die meine Töchter übernehmen können. Sie dürfen selbst entscheiden, wobei sie helfen.

Und wenn die Kinder schon größer sind?

Je älter das Kind ist, desto häufiger werden sicherlich auch die Streitereien zum Thema Ordnung. Mit der Pubertät verändert sich einiges, das Bedürfnis nach Autonomie und Privatsphäre wird stärker. Das Jugendzimmer ist der **private Bereich** deines Kindes. Zu Beginn haben wir über das Bedürfnis nach Ordnung gesprochen. Es ist wichtig zu akzeptieren, dass dein Kind in seinem Zimmer sein individuelles Bedürfnis nach Ordnung ausleben darf. Im Jugendzimmer dürfen andere Regeln gelten als in den Gemeinschaftsräumen.

Überlasse deinem Kind die Verantwortung, wann und wie es aufräumt. In dieser Zeit ist das Leben besonders spannend. Es gibt viele neue Herausforderungen und Erfahrungen, da hat Ordnung keine Priorität. Natürlich darf es Grundregeln geben, wie zum Beispiel, dass das Geschirr abends aus dem Zimmer geräumt wird und keine Essensreste herumliegen dürfen. Überlasse die Verantwortung für das Jugendzimmer aber grundsätzlich deinem Kind.

Wenn du das nächste Mal das Gefühl hast, das Chaos im Jugendzimmer hat eine neue Dimension erreicht, dann frag doch einfach mal **wertfrei,** ob dein Kind sich so wohlfühlt. Wenn ja, solltest du das akzeptieren. Wenn nicht, dann kannst du fragen, ob es Unterstützung beim Aufräumen braucht und deine Hilfe anbieten.

Die Verantwortung an dein Kind zu übergeben und seine Bedürfnisse zu akzeptieren, kann deutlich mehr Leichtigkeit in euer Miteinander bringen.

PROBLEMZONE: *Badezimmer*

Bei meinen Kund*innen treffe ich immer wieder auf überfüllte Badezimmer mit großem Potenzial zum Ausmisten. Hier tummeln sich angebrochene Shampoos, ungenutzte Cremes, lose Wattestäbchen und ausgediente Haargummis.

Vor allem für das Bad gibt es zahlreiche Ordnungshelfer und Organizer. Doch der beste Organizer taugt nichts, wenn vorher nicht ausgemistet wurde. Räume alle Schränke und Schubladen aus und sortiere alle Produkte nach Kategorien (z. B. Haarpflege, Zahngesundheit, Gesichtspflege …). Dazu kannst du gerne kleine Kisten nutzen. Welche Produkte nutzt du gerne? Fokussiere dich wieder auf deine **Lieblingsteile.** Der Rest besteht wahrscheinlich aus Pröbchen und angebrochenen Produkten, die nicht genutzt werden und vielleicht schon abgelaufen sind. Weg damit!

Als nächstes wird sortiert. Gegenstände und Produkte, die täglich benutzt werden, müssen schnell griffbereit sein. Dinge, die selten benutzt werden, können an weniger gut erreichbaren Stellen liegen. Überlege dir ein Konzept und schaue gegebenenfalls nach Ordnungshelfern, die dir den Alltag erleichtern. So können Drehteller in tiefen Schränken dafür sorgen, dass du einfacher an die Produkte kommst. Es gilt: Erst reduzieren und Überblick verschaffen, dann Schränke ausmessen und Organizer besorgen.

Wenn du überlegst, dir zusätzlichen Stauraum für das Badezimmer zuzulegen, empfehle ich nach geschlossenen Möbeln mit viel Stauraum zu schauen. Die beste Investition in meinem Badezimmer war ein großer Waschbeckenunterschrank. Unterteilt mit kleinen Boxen hat alles einen festen Platz gefunden. Dabei müssen es nicht immer gekaufte Organizer oder

Körbe sein. Kleine Verpackungskartons oder leere Marmeladengläser eignen sich prima für die Aufbewahrung von Kleinigkeiten.

Versuche alle Ablageflächen möglichst frei zu halten. Viele herumstehende Kleinigkeiten sorgen schnell für Chaos und machen dir das Staubwischen und Putzen unnötig schwer. Auch einheitliche Farben wirken direkt aufgeräumter als ein Stapel bunter Handtücher. Das ist allerdings ein Punkt, der sehr individuell ist.

Routinen können dir im Bad viel Arbeit ersparen. Morgens und abends das Waschbecken mit einem Tuch abzutrocknen, kostet dich nur wenige Sekunden und hat eine große Wirkung. Zahnpasta- und Seifenrückstände sowie Kalkflecken bekommen damit keine Chance – das Bad bleibt länger strahlend und sauber. Das erleichtert dir auch zukünftige Putzaktionen enorm. Wenn wir einen Raum betreten, achten wir unbewusst auf glänzende Flächen wie Spiegel und Armaturen. Sind diese **sauber,** nehmen wir den gesamten Raum sauberer wahr. Achte deshalb darauf, dass diese Oberflächen sauber sind.

Was für das Waschbecken gilt, ist natürlich auch für die Dusche anwendbar. Wer sich dazu durchringen kann, die Duschkabine nach jedem Duschen mit einem Abzieher (oder Handtuch) zu trocknen, wird es deutlich einfacher bei der Reinigung haben. Die Ausrede „Außer mir macht das niemand in der Familie!“, zählt nicht. Jedes Abtrocknen verringert Kalkrückstände und daher kannst du schon positive Effekte erzielen, wenn nur du selbst dir diese Routine angewöhnst. Wenn dir das zu umständlich ist, reicht es auch schon, wenn du nach dem Duschen die Kabine kalt abbraust. So spülst du Seifenreste weg und da Kalk in kaltem Wasser besser gebunden wird, setzt sich weniger in deiner Dusche ab.

PROBLEMZONE:

Arbeitszimmer und Papierkram

In den letzten Jahren ist das Homeoffice immer prominenter geworden. Egal, ob ganzes Arbeitszimmer oder eine kleine Arbeitsecke in einem anderen Raum – im Optimalfall ist dein Arbeitsbereich ein Platz, an dem du **konzentriert** arbeiten kannst. Doch in vielen Haushalten sieht die Realität anders aus, da dieser Bereich meist recht vielfältig genutzt wird: als Arbeitsplatz, Esstisch, Papierablage, Bastelecke und vieles mehr. Ein geordnetes Arbeitszimmer erspart lästiges Suchen und hilft dabei, konzentriert arbeiten zu können. Vor allem, wenn wir arbeiten, neigen wir dazu, uns ablenken zu lassen.

Ein ordentlicher Schreibtisch

Damit du langfristig gut und gerne an deinem Schreibtisch arbeiten kannst, solltest du zwingend auf einen ergonomischen Arbeitsbereich achten. Ein Klappstuhl am Küchentisch ist also keine besonders gute Idee und wird dir auf Dauer gesundheitlich schaden. Neben **Ergonomie** spielt auch die Beleuchtung eine zentrale Rolle an deinem Arbeitsplatz. An deinem Schreibtisch sollte immer eine gute Grundbeleuchtung vorhanden sein. Das schont deine Augen und lässt dich nicht so schnell müde werden. Um nicht von der Sonne geblendet zu werden, sollte der Schreibtisch seitlich zum Fenster stehen.

Natürlich wollen wir uns auch auf die Ordnung fokussieren: Ein großer Schreibtisch lädt dazu ein, ihn als Ablage zu nutzen. Je weniger Platz du zur Verfügung hast, desto weniger wird sich ansammeln. Versuche also nur die Dinge dort zu lagern, die du wirklich für die Arbeit brauchst, denn ein chaotischer Schreibtisch ist die beste Ablenkungsquelle und lässt uns schnell den Fokus verlieren.

Frage dich einmal kritisch, was der Grund für dein Chaos ist. Zu viel Zeug? Keine Zeit zum Aufräumen? Keine Struktur? Wenn du die Ursache kennst, kannst du zukünftig gezielter gegensteuern.

Auf den Schreibtisch gehört alles, was täglich genutzt wird und **griffbereit** sein muss. Kleinteile kannst du in kleinen Boxen in den Schubladen organisieren. Stehsammler und Ablagefächer bieten Platz für aktuelle Unterlagen.

Kabelsalat macht immer einen unordentlichen Eindruck. Wenn du dir einmal die Zeit nimmst, dein Kabelchaos zu bändigen, wird sich das wesentlich auf die Gesamtoptik auswirken. Kabel können zum Beispiel mit Klettbändern oder Kabelschläuchen ordentlich und gebündelt am Schreibtisch entlanggeführt werden. Kabelboxen lassen unschöne Steckdosenleisten verschwinden.

Dokumentenablage mit System

Um für Ordnung zu sorgen, darf ein Ablagesystem für deine Unterlagen nicht fehlen. Als erstes beginnen wir damit, uns einen Überblick zu verschaffen und misten gründlich aus. Bleib dabei auf die eigentliche Aufgabe fokussiert und fang nicht an, Dokumente zu lesen. Der **Fokus** ist hier besonders wichtig, sonst kannst du dich schnell verlieren. Solltest du auf Dokumente stoßen, die zeitnah bearbeitet werden müssen, leg sie beiseite und kümmere dich später darum. Teile die Dokumente ein in die Kategorien:

- Bearbeiten
- Abheften
- Entsorgen

Beim Papierkram bietet es sich besonders an, mit verschiedenen **Stapeln** zu arbeiten und zunächst alle Unterlagen zu kategorisieren. Mögliche Kategorien könnten sein:

- Persönliches
- Finanzen
- Haus/Wohnung
- Versicherungen
- Steuer
- Job
- Auto
- Gesundheit
- Rechnungen

So bekommst du einen besseren Überblick. Wähle Kategorien, die zu dir passen und erarbeite dir deine individuelle Struktur mit Unterkategorien.

Alles, was nicht mehr benötigt wird, darf entsorgt werden. Vertrauliche Dokumente mit personenbezogenen **Daten** solltest du dabei unkenntlich machen. Wenn du dir unsicher bist, informiere dich im Vorfeld über die gesetzlichen Aufbewahrungsfristen.

Für mehr Ordnung in deinen Unterlagen sorgen einheitliche Ordner mit Index und Trennblättern. Buntgemischte Aktenordner in offenen Regalen sorgen auch hier wieder für optische Unruhe.

Um die Ordnung im Papierkram langfristig beibehalten zu können, solltest du ein für dich funktionierendes System finden. Bei mir hat sich eine zentrale Dokumentenablage bewährt. Dort hat jeder ein Eingangsfach, in welches verschlossene oder zu bearbeitende Post hineinkommt. Dann gibt es ein Überweisungsfach. Alle Rechnungen werden gesammelt und gebündelt einmal wöchentlich bearbeitet. Außerdem gibt es ein Ablagefach. Hier kommt alles hinein, was abgeheftet werden soll. Einmal in der Woche wird die Ablage geleert und der Papierkram abgeheftet. Bei mir ist das immer freitags, so starte ich ordentlich ins Wochenende. Wenn du dir deine **Ablageroutine** einmal angewöhnt hast, wird der Papierkram in kleinen Einheiten erledigt und bleibt dauerhaft eine übersichtliche Aufgabe.

PROBLEMZONE:

Keller/Dachboden/Garage

Graust es dir bei dem Gedanken an deinen Keller? Oft entwickelt sich der Keller (bzw. der Dachboden oder die Garage) mit den Jahren zu einem unübersichtlichen Chaoslager. Meistens hat man schon vergessen, was in den ganzen Kisten überhaupt drin ist. Das Vorhaben, hier für Ordnung zu sorgen, ist schon länger gefasst, die Umsetzung wird aber seit Monaten **konsequent** hinausgezögert, da so eine Aufgabe einfach zu groß ist. Lass dir sagen, der Moment, wenn du drei Tage nonstop deinen Keller aufräumen kannst, wird wahrscheinlich nicht kommen. Daher starte mit kleinen Teilaufgaben und komm in die Umsetzung.

Sichten und ausmisten

Als erstes wird auch hier radikal ausgemistet, das fällt vielen Menschen anfangs schwer. Am besten startest du mit dem Müll: alte Kartons, leere Gläser und Sperrmüll sind in der Regel sehr emotionsleere Dinge. Anschließend entsorgst du defekte Gegenstände, also alles, was du in den Keller gebracht hast, um es irgendwann zu reparieren, es letztendlich aber doch nicht gemacht hast. Gewöhne dir in Zukunft an, Kaputtes sofort zu reparieren oder direkt auszusortieren.

Jetzt folgen die anderen Gegenstände. Versuche Kisten, die seit Jahren verschlossen im Keller standen und die du nicht vermisst hast, verschlossen zu lassen und „blind" zu entsorgen. Das klingt **radikal?** Ist es, ja. Doch du hast diese Dinge bisher nicht benötigt und vermisst. Die Gefahr, dass du bei einem Großteil dieser Dinge ins Grübeln kommst und dich ausbremst, ist hoch. Gegenstände, die seit Jahren nicht genutzt wurden, wirst du mit hoher Wahrscheinlichkeit auch zukünftig nicht mehr nutzen. Auch Krempel in Kisten kann dich belasten.

Im Keller lässt sich sicherlich auch viel Emotionales, also Erinnerungsstücke, finden.
Es ist ganz natürlich, dass du hier den Drang hast, alles zu sichten und in Erinnerungen zu schwelgen. Versuche fokussiert bei deiner Aufgabe zu bleiben. Lege diese Gegenstände beiseite und schaue sie später an. Du kannst auch gezielte **Pausen** einplanen: 25 Minuten aufräumen, 5 Minuten Pause. So fällt es dir

Auch Krempel in Kisten kann dich belasten.

leichter, weiterzumachen. Je mehr Emotionen an einem Gegenstand hängen, desto schwerer tun wir uns beim Ausmisten. Versuche nur positiv behaftete Dinge zu behalten. Schließe mit schlechten Erinnerungen ab und schaffe Raum für Neues. Das kann emotional sehr anstrengend sein. Doch dafür wirst du mit einer riesigen Erleichterung belohnt.

Zonen schaffen und sortieren

Wenn du das Ausmisten abgeschlossen hast, geht es ans Sortieren und Aufräumen. Denk immer daran: Bevor es **besser** wird, wird es erst mal schlimmer. Lass dich von dem entstandenen Chaos nicht einschüchtern, sondern freu dich darauf, dass du viel Ballast losgeworden bist und bald einen aufgeräumten Keller haben wirst.

Auch wenn du vielleicht viel entrümpelt und neuen Platz geschaffen hast, sollten die verbleibenden Gegenstände nicht einfach wahllos im Keller verräumt werden. Schaffe Zonen und kategorisiere die Gegenstände. So findest du in Zukunft immer alles wieder und es fällt dir leichter, die Dinge an ihren Platz zurückzulegen.

Nutze den vorhandenen Raum maximal aus. Verwende zum Beispiel Regalsysteme und Wandhaken, um die Raumhöhe optimal zu nutzen. Denk auch über zusätzliche Beleuchtung nach, wenn der Keller nicht ausreichend hell ist. Beim Aufräumen solltest du immer darauf achten, dass Dinge, die regelmäßig genutzt werden, weit vorne und in greifbarer Höhe stehen. Dinge, die nur selten genutzt werden, können weiter hinten im Keller stehen. Transparente verschließbare Boxen schützen den Inhalt vor hoher Feuchtigkeit im Keller und können sich oftmals gut stapeln lassen. Mit einem Etikett versehen, erkennt jedes Familienmitglied schnell, was sich in der Kiste befindet.

Lass dich dabei nicht stressen von realitätsfremden Kellern mit Designer-Waschküche auf Social Media. Wir wollen reale und lebenstaugliche Lösungen erstellen. Ein Keller sollte keine Lagerhalle für ungenutzte und ungeliebte Sachen sein, aber er darf trotzdem aussehen wie ein Keller. Das Ziel ist, dass du weißt, was sich im Keller befindet und wo.

Damit dein Keller nun dauerhaft ordentlich bleibt, solltest du Neuzugänge künftig kritisch hinterfragen. Lagere nur Dinge, die du wirklich noch nutzen wirst. Plane zudem zweimal pro Jahr einen Kellercheck ein. Dabei stellst du in kurzer Zeit die Ordnung wieder her.

KAPITEL 3

Ordnung halten

Jetzt sind wir schon im letzten Kapitel angekommen. Vielleicht hast du in den letzten Wochen fleißig entrümpelt und Ordnung geschaffen? Sei stolz auf dich und feiere deine Leistung!

Wenn der erste Enthusiasmus verflogen ist, wirst du schnell merken, dass die neu gewonnene Ordnung kein Dauerzustand ist – leider. In deinem Zuhause wird gelebt und das darf und wird man auch sehen. Zudem verändert sich auch dein Leben ständig. Es wird immer wieder neue Lebensphasen geben und auch du wirst dich verändern, andere Bedürfnisse entwickeln und neue Prioritäten setzen.

Um zu vermeiden, dass du in ein bis zwei Jahren wieder von vorne anfangen musst, möchte ich dir Strategien an die Hand geben, mit denen du deine neue Ordnung im Alltag beibehalten kannst.

Hinterfrage dein Konsumverhalten

Um die neu geschaffene Ordnung wirklich dauerhaft aufrechterhalten zu können, ist es wichtig, auch das Konsumverhalten im Blick zu haben. Viele von uns haben das Privileg, finanziell in der Lage zu sein, kleine Einkäufe spontan tätigen zu können, ohne lange darüber nachdenken zu müssen. Vor allem das Onlineshopping ermöglicht uns, alles, zu jeder Zeit mit einem kleinen Klick kaufen zu können. Angebote lauern an jeder Ecke.

Schaue gerne jetzt mal in deine am schönsten aufgeräumte Schublade, deinen ordentlichsten Schrank oder dein organisiertes Regal. Ist es vollgestopft mit Kram? Vermutlich nicht. Wahrscheinlich sind die Teile bewusst angeordnet und es ist sogar noch Platz vorhanden. Lerne mit diesem **Freiraum** zu leben und genieße die Leichtigkeit.

Wenn du dein Konsumverhalten nicht hinterfragst, wird still und heimlich wieder reichlich Kram bei dir einziehen. Im schlimmsten Fall bist du in einigen Monaten oder Jahren wieder an dem Punkt, an dem du frustriert in deinem Zuhause sitzt und dich fragst, warum wieder überall Chaos herrscht. Was also tun, damit in Zukunft keine Riesen-Entrümpelungsaktion mehr nötig ist?

Eigentlich ist es logisch: Hinterfrage deine Gewohnheiten, dein Einkaufverhalten und shoppe in Zukunft **bewusster.** Sage nein zu Angeboten, wenn du sie nicht wirklich benötigst. Lass Werbegeschenke liegen. Hole nur Dinge in dein Zuhause, die du benötigst und die dir Energie schenken. Beachte dabei, dass jeder Gegenstand, den du besitzt in irgendeiner Form gepflegt werden muss.

Wenn du achtsame Kaufentscheidungen triffst, ist die Wahrscheinlichkeit wesentlich geringer, dass du dir unnötigen Kram in dein

Zuhause holst. Um dich dabei zu unterstützen, möchte ich dir einige Impulse an die Hand geben, die bewirken, dass du dich aktiv mit dem Gegenstand beschäftigst.

Gebrauchsgegenstände

Wenn du etwas Neues kaufen möchtest, hinterfrage, ob du es wirklich benötigst. Vor allem Angebote locken uns dazu, Dinge zu kaufen, die wir nicht zwingend benötigen. Beim nächsten Mal könntest du dich zum Beispiel fragen: „Benötige ich wirklich sechs Paar neue Socken oder möchte ich sie nur kaufen, weil das Angebot so gut ist?“ Wenn du dir solche Impulskäufe bewusst machst, wirst du nach und nach **achtsamer** einkaufen.

Zusätzlich kann es dir helfen, Newsletter abzubestellen. Sie sind oft so konzipiert, ein Bedürfnis in dir zu wecken, dass du vorher nicht hattest. Gute Werbung bringt dich dazu, Dinge zu kaufen, die du eigentlich gar nicht benötigst. Wenn du das weißt, kannst du besser darauf achten.

Das bedeutet jetzt nicht, dass du nie wieder auf Schnäppchenjagd gehen solltest. Wenn du vorhast, etwas zu kaufen, macht es absolut Sinn, nach Angeboten zu suchen. Doch du merkst schon den Unterschied, oder? Das ist bewusster Konsum. Wenn du dir unsicher bist, dann warte doch einfach mal ein paar Tage. Im besten Fall hast du es schon wieder vergessen.

Dieses Hinterfragen ist meiner Meinung nach **Übungssache.** Mit der Zeit wirst du dabei routinierter werden. Und wenn du doch einen Impulskauf tätigst und dich darüber ärgerst? Nobody is perfect. Sieh es positiv: Du hast daraus gelernt und achtest beim nächsten Mal sicherlich mehr drauf. Vielleicht kannst du den Fehlkauf ja noch zurückgeben?

Eine weitere wichtige Frage in Bezug auf bewussten Konsum lautet: Möchte ich den Gegenstand wirklich besitzen oder ihn nur nutzen? Wenn dir klar ist, dass du den Gegenstand nur einmal oder sehr selten benutzen wirst, dann macht es viel mehr Sinn, ihn dir auszuleihen. Also überleg vor dem Kauf, ob jemand in deinem Familien- oder Freundeskreis das Objekt schon besitzt und dir ausleihen könnte. Spezielles Werkzeug kannst du häufig auch im Baumarkt ausleihen. Frag einfach mal nach.

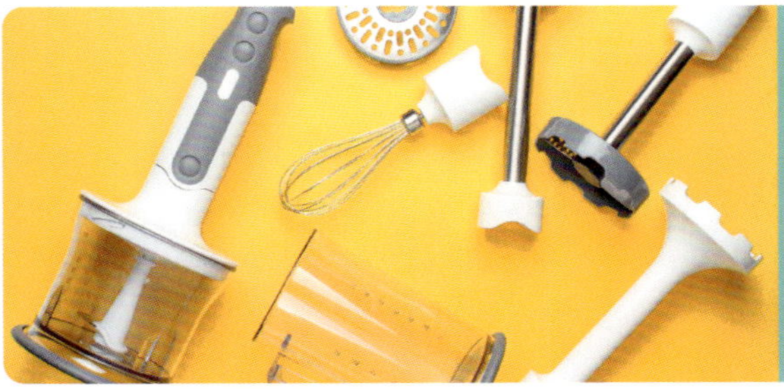

- Geplante Einkäufe
- Keine Werbegeschenke
- Ausleihen

Kleidung

Wie ist dein aktuelles Konsumverhalten in Bezug auf Kleidung? Machst du jeden Trend mit oder setzt du lieber auf zeitlose Klassiker? Ein ausgemisteter Kleiderschrank gehört zu den Dingen, die sich am schnellsten wieder füllen, wenn du nicht aufpasst.

Beim Ausmisten deines Kleiderschrankes warst du hoffentlich aufmerksam und hast herausgefunden, was du **gerne** trägst, welche Formen du magst und welche Farben dir stehen. Darauf solltest du in Zukunft auf jeden Fall achten. Vielleicht gab es Stoffe und Farben, die du ganz bewusst aus deinem Schrank verbannt hast? Diese gilt es zukünftig zu meiden.

Stelle dir bei der nächsten Shoppingtour vor jedem potenziellen Kauf die Frage „Fühle ich mich wohl?". Du solltest den Stoff auf deiner Haut **mögen** und dich gut bewegen können, ohne dass etwas zwickt oder verrutscht. Mach dir also ganz genau bewusst, was dir steht. Wenn dir das schwer fällt, achte darauf, beim Tragen welcher Farben und Schnitte du von anderen Komplimenten bekommst.

Finde deinen Typ

Vor einigen Jahren war ich selbst genervt, da ich immer wieder Fehlkäufe getätigt habe. Ich erinnere mich an ein geblümtes Rüschenshirt, das am Model so hübsch aussah, in dem ich mich allerdings unwohl und verkleidet fühlte. Solche Fehlkäufe passierten immer wieder und ich beschloss mir zum Geburtstag eine **Stilberatung** schenken zu lassen. Durch diese Beratung habe ich sehr viel Klarheit über mich selbst bekommen. Ich bin einfach kein romantisch-verspielter Frauentyp. Ich bin strukturiert und geradlinig, das spiegelt sich auch in der Kleidung wider: klare Farben, geradlinige Muster, keine verspielten Details. Jetzt weiß ich, welche Farben mich frisch wirken lassen und welche Schnitte und Muster zu mir passen. Wie du dir denken kannst, ist seitdem kein florales Rüschenshirt mehr bei mir eingezogen. Es ist ein schönes Gefühl, wenn man sich in seiner Kleidung wohlfühlt. Heute habe ich eine goldene Regel beim Kauf von Kleidung: Kaufe keinen Kompromiss! Wenn mich schon beim Anprobieren ein Detail stört, wird dieses auf Dauer dazu führen, dass ich das Kleidungstück nicht anziehen werde und es im Schrank hängen bleibt.

Gut kombiniert

Beim Kauf von Kleidung kann es sehr hilfreich sein, den Fokus auf gut kombinierbare Basics zu setzen, denn auch diese können mit den richtigen Accessoires zu Hinguckern werden. Natürlich spricht nichts gegen besondere Kleidungsstücke, doch zu viele ausgefallene Einzelteile führen dazu, dass du kaum Kombinationsmöglichkeiten hast. Irgendwann hast du viele tolle Einzelstücke, die untereinander aber nicht **zusammenpassen.** Um das zu vermeiden, solltest du dich schon beim Kauf fragen, wie du das Kleidungsstück mit deiner vorhandenen Kleidung kombinieren kannst. Im Optimalfall erstellst du dir in Gedanken schon drei Outfits.

Wenn du diese Tipps beachtest, kannst du dir sicher sein, dass du deine neuen Teile auch tragen wirst und die Chance ist hoch, dass dein Kleiderschrank wirklich nur mit Lieblingsstücken ausgestattet sein wird.

- Kein Kompromiss
- Gutes Gefühl
- Outfit-Kombiniationen

Lebensmittel

Ich persönlich bin ein großer Fan von Essensplänen und Einkaufslisten. Seitdem wir einen Essensplan erstellen, sparen wir Zeit, Nerven und Geld. Die Frage „Was essen wir heute?", war für mich lange ein Graus. Nun wird jeden Sonntag die kommende Woche vorgeplant und abhängig von unseren Terminen kann ich abschätzen, wie viel Zeit zum Kochen bleibt. Passende **Gerichte** werden ausgewählt und darauf abgestimmt die Einkaufsliste erstellt. Der geplante wöchentliche Großeinkauf hat viele Vorteile:

- Du kannst unter der Woche stressfrei kochen und musst dir nicht täglich Gedanken machen.
- Du musst nicht mehrmals in der Woche zum Supermarkt laufen, um Lebensmittel zu kaufen.
- Du verwendest die gekauften Lebensmittel tatsächlich und es landet weniger im Abfall.
- Du benötigst durch die Planbarkeit weniger Vorräte, denn leider geraten auch diese schnell in Vergessenheit, laufen ab und werden schließlich entsorgt.
- Die Planung spart viel Geld und Zeit.

Sei bei der Erstellung des Essensplans realistisch und mach dir keinen unnötigen Stress. Plane lieber bewährte, **alltagstaugliche** Gerichte, die schnell gekocht sind und allen schmecken, als jede Woche drei neue Rezepte zu testen. Sollte dir die Erstellung eines Essensplans für die ganze Woche schwerfallen, schreib dir doch einfach mal über einen längeren Zeitraum auf, was gerne bei euch gegessen wird. Erstelle so deine eigene Menüliste, aus der du wählen kannst, wenn dir gerade nichts einfallen sollte.

- Essensplan
- Einkaufsliste
- Weniger Vorräte

Einkaufs *Liste*

Brot / Gebäck

Fleisch / Fisch

Trockenvorräte

Obst / Gemüse

Milchprodukte

Konserven

Getränke

Snacks

Tiefkühlprodukte

Haushalt

Hygiene

Sonstiges

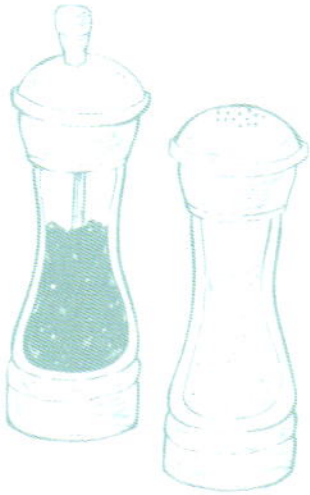

Essens *Plan*

Montag

Frühstück

Mittagessen

Snack

Abendessen

Dienstag

Frühstück

Mittagessen

Snack

Abendessen

Mittwoch

Frühstück

Mittagessen

Snack

Abendessen

Donnerstag

Frühstück

Mittagessen

Snack

Abendessen

Freitag

Frühstück

Mittagessen

Snack

Abendessen

Samstag

Frühstück

Mittagessen

Snack

Abendessen

Sonntag

Frühstück

Mittagessen

Snack

Abendessen

mit Liebe zubereitet

So bekommst du den Haushalt in den Griff

Sind wir mal ehrlich: Den Haushalt neben all den anderen Dingen erfolgreich zu meistern, ist nicht so einfach. Die Anzahl der Stunden, die du am Tag zur Verfügung hast, ist nun mal begrenzt. Daher ist das Ziel, den Haushalt möglichst **effizient** zu erledigen, sodass er nicht zur Last wird. Natürlich ist eine Grundsauberkeit wichtig, doch auch hier gilt: Ordnung und Sauberkeit sollen dir das Leben leichter machen und dich nicht stressen.

Zunächst ein paar Fragen an dich:

- Gehörst du zu den Menschen, die samstags stundenlang putzen?
- Wie viele Stunden brauchst du in der Regel, um das Chaos der Woche zu beseitigen?
- Wie lange hält dieser Zustand? Ein paar Tage? Vielleicht auch nur ein paar Stunden?
- Wie hoch ist dein Stressfaktor, wenn du an den Haushalt denkst?

Ich möchte dir nun zeigen, wie du wertvolle Freizeit gewinnen kannst, wenn du dich vom wöchentlichen Großputz verabschiedest und stattdessen jeden Tag gezielt ein paar Dinge erledigst. Mit einer klaren Strategie und regelmäßiger Wochenplanung wirst du ab sofort eine deutliche **Gelassenheit** in puncto Haushalt erreichen können. Dazu solltest du bereit sein, dich von alten Gewohnheiten zu verabschieden. Der Perfektionismus darf dabei gerne gehen und Platz für realistische Pläne machen. Die Faktoren, die dich in Zukunft wesentlich dabei unterstützen werden, sind Routinen, ein Basis- sowie ein Zonenplan.

Ich möchte hier noch einmal darauf eingehen, dass Hausarbeit immer alle Personen betrifft, die in einem Haushalt leben. Demnach sollten sich auch alle **Haushaltsmitglieder** daran beteiligen. In welchem Umfang das passiert, müsst ihr für euch entscheiden. Jede Partnerschaft, jede Familie, jede Wohngemeinschaft ist anders. Manchmal ist es ausgeglichen, manchmal liegt der Hauptpart bei nur einer Person. Alles ist okay, solange es für dich okay ist. Traue dich, Aufgaben abzugeben, zu delegieren und mache deinen Mental Load sichtbar.

Mach den Haushalt zur Routine

Deine persönlichen Routinen sind ein wichtiger Grundpfeiler, um deinen Haushalt dauerhaft ordentlich zu führen. Doch als erstes klären wir, was Routinen sind und wie sie uns helfen:

Routinen sind Handlungen, die durch mehrfaches **Wiederholen** zur Gewohnheit werden. Das bedeutet, je öfter du eine Handlung wiederholst, desto eher wird sie selbstverständlich. Du musst nicht weiter darüber nachdenken und erledigst sie nebenbei auf Autopilot. Unser Gehirn ist darauf ausgelegt, Routinen zu entwickeln. Jede Entscheidung, die du bewusst triffst, kostet dich Energie. Jede Handlung, die du ausführst, ohne darüber nachdenken zu müssen, spart Energie. Routinen sind also eine Art Energiesparmodus für dein Gehirn.

Sicherlich hast du bereits Routinen in deinem Alltag. Ein schönes Beispiel hierfür ist das Zähneputzen. Mit hoher Wahrscheinlichkeit putzt du dir abends die Zähne, ohne bewusst darüber nachdenken zu müssen. Das Ziel ist, dass wir auch Haushaltsaufgaben zur Routine werden lassen und sie so nebenbei erledigen.

Deine Routinen müssen in deinen Alltag passen und dir das Leben leichter machen. Setze dir realistische Ziele und nimm dir nicht alles auf einmal vor.

Morgen- und Abendroutine

Eine auf dich und deine Familie passend zugeschnittene Morgen- und Abendroutine kann das Leben enorm erleichtern. Damit du dir besser vorstellen kannst, wie so eine Ordnungsroutine aussehen kann, zeige ich dir, wie unsere Routinen aussehen. Anschließend kannst du überlegen, welche Elemente für dich langfristig umsetzbar sind.

Meine Morgenroutine

Meine morgendliche Ordnungsroutine beginnt gleich nach dem Aufstehen mit dem Zurückschlagen der Bettdecken und dem Lüften der Schlafräume. So kommt frischer Sauerstoff in die Schlafzimmer und die Decken und Matratzen können auslüften. Das ist mir **wichtig,** da man über Nacht ganz schön schwitzt. Die Feuchtigkeit ist der beste Nährboden für Keime und Milben, wenn man nicht für eine ausreichende Luftzirkulation sorgt.

In der Regel verlasse ich morgens als letzte das Badezimmer, da ich es ordentlich hinterlassen möchte. Ist die dreckige Wäsche im Wäschekorb? Liegen noch Schlafanzüge auf dem Boden? Dabei sind die Aufbewahrungsmöglichkeiten so gewählt, dass die Kinder von klein auf lernen, diese Dinge selbst zu machen.

Ein richtiger Gamechanger für mich war, das Waschbecken morgens nach der letzten Nutzung trocken zu wischen. So haben Zahnpastareste, Seife und Kalk keine Chance sich abzulagern. Die Armaturen glänzen wieder und das Waschbecken wirkt dauerhaft sauber. Diese Routine kann ich dir sehr empfehlen. Mit einem kleinen Klebehaken in unmittelbarer Nähe des Waschbeckens hast du einen super Aufbewahrungsort für deinen Putzlappen – so kostet dich dieser Schritt nur wenige Sekunden.

Nachdem wir gefrühstückt haben, wird der Tisch abgeräumt und die Spülmaschine eingeräumt. Alles kleine Dinge, mit denen ich die Basis für einen ordentlichen Tag schaffe.

Meine Abendroutine

Mit meiner Abendroutine verfolge ich zwei Ziele:

1. Einen sauberen Tagesabschluss für mehr Entspannung am Abend.
2. Vorbereitung für den nächsten Tag für mehr Leichtigkeit am Morgen.

Seit ich Kinder habe, gibt es bei uns (halbwegs) feste Essenszeiten und Abläufe am Abend. Nach dem Abendessen wird die Abendroutine eingeläutet. Hierbei **helfen** alle mit. Mir ist es wichtig, dass die Ordnungsroutine am Abend abgeschlossen ist, bevor wir die Kinder ins Bett bringen. Das Thema Einschlafbegleitung ist aktuell noch etwas kräftezehrend, deshalb möchte ich mich danach nicht mehr um viel kümmern müssen. Das klappt nicht immer, aber zumindest zu 90 %.

Nach dem Abendessen wird der Tisch abgeräumt und der Essbereich gesäubert. Wenn alle zu Hause sind, versuchen wir die Aufgaben unter uns aufzuteilen. Ein Erwachsener

räumt mit den Kindern das Spielzeug im Wohnbereich auf, während der andere sich um die Küche kümmert: alles an seinen Platz zurücklegen, Spülmaschine einschalten sowie Arbeitsfläche und Spüle sauber machen. Dann wird auch schon der Tisch für das Frühstück gedeckt und ggf. die Sachen für den nächsten Tag bereitgelegt. Nach der Einschlafbegleitung ist die Spülmaschine durchgelaufen und wird noch fix ausgeräumt – auch das gehört zu meiner **Vorbereitung** für den kommenden Tag. Das klingt vielleicht aufwendig, doch wenn alles einen festen Platz hat und die Aufgaben zur Routine geworden sind, geht das Aufräumen am Abend wirklich schnell.

Bitte beachte: Meine Routine kann für dich völlig unpassend sein. Deine Routinen müssen in deinen Tagesablauf **passen** und dir das Leben leichter machen.

Auf Seite 91 hast du die Möglichkeit, deine individuelle Morgen- und Abendroutine zu definieren. Setze dir dabei realistische Ziele und nimm dir nicht alles auf einmal vor. Vor allem mit kleinen Kindern kann die Morgenroutine zur Herausforderung werden. Also schau, was machbar für dich/euch ist. Wenn deine Routinen Stress bei dir verursachen, hinterfrage sie und passe sie an deine aktuelle Lebenssituation an.

So könnten umsetzbare Morgen- und Abendroutinen aussehen:

Morgenroutine

- ✓ Lüften
- ✓ Betten machen
- ✓ Waschbecken abtrocknen
- ✓ Pyjamas wegräumen
- ✓ Spülmaschine einräumen

Abendroutine

- ✓ Wohnbereich aufräumen
- ✓ Essbereich säubern
- ✓ Küche aufräumen
- ✓ Nächsten Tag vorbereiten
- ✓ Entspannen

Definiere hier deine persönlichen Routinen:

Morgenroutine

- ✓
- ✓
- ✓
- ✓
- ✓

Abendroutine

- ✓
- ✓
- ✓
- ✓
- ✓

Dranbleiben!

Hast du dir schon mal vorgenommen, neue Routinen zu etablieren, dann aber nach einigen Tagen wieder aufgegeben? Das könnte an verschiedenen Faktoren gelegen haben:

1 **Du hast dir zu viel auf einmal vorgenommen.**
Führe neue Routinen unbedingt schrittweise ein und überfordere dich nicht mit zu vielen Änderungen.

2 **Die Routine hat nicht zu deinem Alltag gepasst.**
Du wirst neue Handlungen nur dann dauerhaft umsetzen, wenn sie zu dir und deinem Tagesablauf passen.

3 **Du hast einfach nicht an deine neue Routine gedacht.**
Schaffe sichtbare Reminder (z. B. Post-Its) oder kopple die neue Handlung an einen bestimmten Auslöser (z. B. Auslöser „Zähne putzen“ wird mit neuer Routine „Waschbecken trocknen“ verknüpft). Der Habit Tracker auf Seite 93 kann dir dabei helfen, neue Routinen in deinen Alltag zu integrieren. Ausdrucken, sichtbar aufhängen und dranbleiben – neue Routinen brauchen Zeit!

Übrigens: Selbst, wenn dir deine Routine bereits ins Blut übergegangen ist, können dich Änderungen im Tagesablauf dennoch rausbringen. Ärger dich nicht, wenn es in den Ferien also mal anders läuft. Das ist ganz normal. Wichtig ist, dass du mit der Rückkehr in den Alltag wieder zu deinen Routinen findest!

Wie du es schaffst, *neue Routinen* in deinen Alltag zu integrieren

- Führe immer **nur eine** neue Gewohnheit ein
- Passe die Gewohnheit an deinen **Alltag** an
- **Verknüpfe** das Neue mit alten Routinen
- Nutze Reminder und einen **Habit Tracker**
- **Bleib dran!**

Habit *Tracker*

„Wer ein Warum hat, dem ist kein Wie zu schwer"

Friedrich Nietzsche

Um aus Handlungen **Gewohnheiten** zu machen, gibt es nur eine Möglichkeit: **wiederholen**, wiederholen, wiederholen! Der **Habit Tracker** wird dich dabei unterstützen, neue Routinen in deinen **Alltag** zu integrieren. Platziere ihn gut sichtbar, sodass du an dein Vorhaben erinnert wirst!

NEUE GEWOHNHEIT:

MO	DI	MI	DO	FR	SA	SO
○	○	○	○	○	○	○
○	○	○	○	○	○	○
○	○	○	○	○	○	○
○	○	○	○	○	○	○
○	○	○	○	○	○	○

NEUE GEWOHNHEIT:

MO	DI	MI	DO	FR	SA	SO
○	○	○	○	○	○	○
○	○	○	○	○	○	○
○	○	○	○	○	○	○
○	○	○	○	○	○	○
○	○	○	○	○	○	○

NEUE GEWOHNHEIT:

MO	DI	MI	DO	FR	SA	SO
○	○	○	○	○	○	○
○	○	○	○	○	○	○
○	○	○	○	○	○	○
○	○	○	○	○	○	○
○	○	○	○	○	○	○

NEUE GEWOHNHEIT:

MO	DI	MI	DO	FR	SA	SO
○	○	○	○	○	○	○
○	○	○	○	○	○	○
○	○	○	○	○	○	○
○	○	○	○	○	○	○
○	○	○	○	○	○	○

Alltagsroutinen

Neben deiner gezielten Morgen- und Abendroutine gibt es drei Alltagsroutinen, die dich bei deinem Weg zu dauerhafter Ordnung sehr unterstützen werden.

1. **Die „Nur einmal anfassen"-Regel**
   Eigentlich ist es ganz simpel: Räume die Dinge direkt nach der Nutzung zurück an ihren Platz. Allein diese Routine kann für dauerhafte Ordnung sorgen. Du hast etwas benutzt? Dann bringe den Gegenstand danach wieder an seinen Platz. Das hat den Vorteil, dass du die Dinge nicht mehrfach anfassen und herumräumen musst. So bekommt das Chaos gar nicht erst die Gelegenheit zu entstehen.

2. **Erledige kleine Aufgaben sofort**
   Diese Regel ist auch bekannt als die 2-Minuten-Regel und stammt aus dem Bestseller „Getting things done" vom Selbstmanagement-Experten David Allen. Sobald eine Aufgabe in unter zwei Minuten erledigt werden kann, solltest du sie sofort erledigen! Am besten ganz ohne nachzudenken, denn das Nachdenken und Aufschieben dauert meist länger als besagte zwei Minuten. Du siehst einen Fleck? Wisch ihn sofort weg! Wenn du kleine Aufgaben umgehend erledigst, hast du den Kopf frei für wichtigere Dinge und hältst dein Zuhause sauber.

3. **Gehe nicht mit leeren Händen**
   Gewöhne dir an, etwas mitzunehmen, wenn du den Raum verlässt. So nutzt du die Wege, die du sowieso gehst, um nebenbei etwas zu erledigen. Versuche diese Regel entspannt umzusetzen und nicht krampfhaft immer etwas zum Aufräumen zu suchen.

Es wird am Anfang vielleicht ungewohnt für dich sein, doch irgendwann wirst du diese Gewohnheiten verinnerlichen und sie werden dir den Alltag deutlich erleichtern.

Entlastung durch Haushaltsplanung

Deine Routinen werden sehr dazu beitragen, deinen Haushalt dauerhaft ordentlich zu halten. Doch allein reichen sie leider nicht aus: Ein realistischer Haushaltsplan muss her. Dieser Plan gliedert sich in zwei Teile:

1. Ein **Basisplan**, der alle Aufgaben beinhaltet, die wöchentlich anfallen.
2. Ein **Zonenplan** mit Zusatzaufgaben, die regelmäßig, aber nicht ständig erledigt werden müssen.

Dein Basisplan

Vielleicht gehörst auch du zu den Menschen, die einen klassischen Wochenputz machen. Dabei wird – meist am Wochenende – mehrere Stunden lang geputzt, um das Chaos der Woche zu bändigen. Was wäre aber, wenn du die anfallenden Aufgaben stattdessen strukturiert über die Woche verteilst? So machst du jeden Tag ein bisschen und hast am Wochenende mehr Zeit für die schönen Dinge im Leben. Und genau dabei hilft dir der **Basis-Wochenplan:** Er beinhaltet alle wiederkehrenden Aufgaben, die neben deinen Routinen dazu beitragen, deine Grundordnung aufrechtzuerhalten.

Um einen realistischen Plan erstellen zu können, musst du zwei Aspekte klären:

1. Wie sieht deine Woche aus? Wann gibt es feste Termine? Welche Zeitfenster hast du zur Verfügung?
2. Welche Aufgaben sind dir wöchentlich wichtig? Wie kannst du sie sinnvoll bündeln und wie viel Zeit brauchst du dafür?

Verteile anschließend für jeden Tag eine feste **Aufgabe,** z. B. montags einkaufen gehen. Passe den Plan bestmöglich an euren Alltag an. Plane mindestens einen Freizeittag ein, an dem nur die Routinen eingehalten werden. Vielleicht bist du noch skeptisch, doch dadurch, dass du jeden Tag ein bisschen machst, hältst du automatisch mehr Ordnung und hast am Wochenende **mehr Zeit**. Wie mein Basisplan aussieht, zeige ich dir auf Seite 97. :

Die Bereiche, die laut Basisplan anfallen, müssen nicht immer detailliert bearbeitet werden, stattdessen gehen wir in den jeweiligen Zonen ins Detail. Was genau das bedeutet erfährst du auf Seite 99.

Montag	**Einkaufen** (Wocheneinkauf, weitere Erledigungen außer Haus)
Dienstag	**Staub wischen und Flecken entfernen** (grob Staub wischen, alle sichtbaren Flecken wegwischen)
Mittwoch	**Betten und Böden** (Betten beziehen, Staub saugen, bei Bedarf Boden wischen)
Donnerstag	**Badezimmer** (Reinigung der Toiletten und Waschbecken)
Freitag	**Ablage und Pflanzen** (Rechnungen bezahlen, Unterlagen abheften, Pflanzen pflegen)
Samstag	**Familie und Freizeit** (bewusste Freizeit, nur Routinen)
Sonntag	**Wochenplanung** (Termine checken, Haushaltsplanung, Essensplanung, Einkaufsliste erstellen)

Der Basisplan unterstützt dich dabei, die wöchentlich wiederkehrenden Aufgaben in kleinen Blöcken zu erledigen. Es fällt in der Regel leichter anzufangen, wenn die Aufgaben kleiner und der Zeitrahmen begrenzt ist, als wenn eine dreistündige Großputzaktion bevorsteht.

Erstelle hier deinen individuellen Basisplan:

Montag

Dienstag

Mittwoch

Donnerstag

Freitag

Samstag

Sonntag

Dein Zonenplan

Mit dem Zonenplan wird dein Zuhause in fünf Zonen unterteilt. Jede Woche wird die entsprechende Zone **intensiver** bearbeitet. Dabei startest du am 1. jedes Monats in deiner Zone 1 (egal an welchem Wochentag). Jeden Montag gehst du zur nächsten Zone über. Durch das Wechseln der Zonen fokussierst du dich jeden Monat rotierend auf die verschiedenen Bereiche deines Zuhauses.

Um dein Zuhause in fünf Zonen zu unterteilen, notiere die zunächst alle Räume, die zu deiner Wohnung gehören. Dann schreibst du alle **Sonderaufgaben** auf, die in diesen Räumen anfallen. Das können Aufgaben wie das Reinigen des Backofens in der Küche, das Saubermachen des Duschabflusses im Badezimmer oder das Aufräumen des Schuhschranks im Flur sein. Erstelle dir für jeden Raum so eine Liste und gebe direkt mit an, wie regelmäßig du diese Aufgabe erledigen möchtest. In manchen Räumen wird regelmäßig viel zu tun sein, in anderen weniger. Fasse die Räume nun so zusammen, dass du insgesamt fünf Zonen bilden kannst.

Wie du sicherlich gemerkt hast, können Woche 1 und 5 unterschiedlich lang sein und entsprechen meist keiner 7-Tage-Woche. Aus diesem Grund sollten in diesen beiden Planwochen nicht die Hauptbereiche eures Zuhauses eingeteilt werden.

Erklärung Zonenplan

MO	DI	MI	DO	FR	SA	SO	Zone
				1	2	3	→ 1
4	5	6	7	8	9	10	→ 2
11	12	13	14	15	16	17	→ 3
18	19	20	21	22	23	24	→ 4
25	26	27	28	29	30	31	→ 5

Beispiel für eine Zoneneinteilung:

Zone 1	Flur
Zone 2	Küche
Zone 3	Schlaf-, Kinderzimmer
Zone 4	Wohnbereich, Bad
Zone 5	Keller

Deine persönliche Zoneneinteilung:

Zone 1	
Zone 2	
Zone 3	
Zone 4	
Zone 5	

Wenn du im Basisplan Staub wischst, machst du das eher oberflächlich. Du wischst also alle Oberflächen, die du ohne großen Aufwand erreichen kannst. Wenn du dich in einem Zonenplan befindest, gehst du allerdings ins **Detail:** Lampen, Ecken, Fußleisten, Bilderrahmen, Regalfächer – alles wird hier beachtet und sauber gemacht. Allerdings ausschließlich in der entsprechenden Zone.

Du erledigst auch die zusätzlichen Aufgaben der Zone und ebenso das Aufräumen und Ausmisten wird in den jeweiligen Zonen eingeplant, sodass du nicht nur auf Sauberkeit, sondern auch auf Ordnung achtest. Auf Seite 102/103 kannst du dir die in deinen jeweiligen Zonen anfallenden Aufgaben notieren.

Plane dir für die Aufgaben ein bestimmtes Zeitfenster ein und stelle dir einen **Timer.** Je mehr Zeit du zur Verfügung hast, umso länger wirst du wahrscheinlich brauchen. Lass dich nicht entmutigen, wenn du in der eingeplanten Zeit nicht alles geschafft hast, die Situation in der Zone ist sicherlich besser als vorher und du bist wieder einen Schritt weiter. Diese kleinen Schritte werden dich mit der Zeit so weit bringen, es lohnt sich! Also sei stolz auf dich und feiere auch deine kleinen Erfolge!

Zonen *Aufgaben*

Zone 1	Zone 2	Zone 3

Zone 4

Zone 5

Du entscheidest, was
dir wichtig ist und wie oft.
Bleib dabei realistisch
und mute dir nicht jeden
Monat alle Aufgaben zu.

Beispiele für Zonenaufgaben in der Küche

Auf der nächsten Seite findest du einige Beispielaufgaben, die in der Küche anfallen können. Wenn du die Aufgaben für die einzelnen Zonen aufschreibst, notiere dir auch gleich, wie oft du welche Aufgabe erledigen möchtest und achte dabei auf dein persönliches Bedürfnis nach Sauberkeit und Ordnung. Denke dabei an eine **realistische** Einteilung. Wenn du pro Woche nur eine halbe Stunde für Zonenaufgaben aufbringen kannst, macht es keinen Sinn, dir jeden Monat alles vorzunehmen. Wo liegen deine Prioritäten?

Plane in jeder Zone eine feste Aufräum-Aktion ein. Dabei sammelst du alle Dinge, die nicht in die jeweilige Zone gehören, und stellst Ordnung her. Wenn es zu viel ist, nimmst du dir nur eine Schublade vor und nicht den gesamten Bereich. So wirst du Monat für Monat weiterkommen.

Durch die Rotation der Zonen hast du jede Woche einen anderen Fokus. Viele kleine Erfolge in den unterschiedlichen Zonen bringen dich deinem Wohlfühlzuhause immer näher.

Beispielaufgaben
Küche

- Staub wischen im Detail
- Fußboden saugen und/oder wischen
- Fußleisten absaugen/wischen
- Fenster putzen
- Spülbecken reinigen
- Perlator entkalken
- Kühlschrank reinigen
- Backofen reinigen
- Spülmaschine reinigen
- Wasserkocher entkalken
- Dunstabzugshaube reinigen
- Eisfach abtauen
- Schrankfronten abwischen
- Mülleimer säubern
- Vorräte checken
- aufräumen
- Schränke nach und nach ausmisten
- Schränke von onnen auswischen
- Lichtschalter reinigen
- Türen und Türklinken reinigen

Es ist nicht realistisch jeden Monat alle Aufgaben zu schaffen. Priorisiere und setze eine Regelmäßigkeit fest. Es kann dir helfen, wenn du dir notierst, wann du die Aufgabe zuletzt erledigt hast.

Ganz schön viel

Wahrscheinlich sind jetzt bei dir einige Aufgaben zusammengekommen und vielleicht fragst du dich, wie du das alles schaffen sollst. Mach dir keinen Stress. Du hast nun eine Übersicht der anfallenden Aufgaben und kannst jede Woche planen, was für DICH wichtig ist. Eine realistische Wochenplanung schafft dir **Ruhe** für deine Gedanken. Du weißt, was zu tun ist, bist effektiver, schaffst mehr und gewinnst wertvolle Zeit.

Ein weiterer Vorteil: Wenn sich plötzlich etwas ändert (z. B. du oder deine Kinder krank werden), bist du gelassener. Du kennst alle anstehenden Aufgaben und kannst viel leichter priorisieren oder auch delegieren.

Die Planung von Haushaltsaufgaben bringt dir Ruhe für dein Gedankenkarussell. Du kannst gezielt Dinge erledigen und kommst voran.

Als erstes notierst du dir alle deinen fixen Termine. Wenn du im Schichtdienst arbeitest oder variable Arbeitszeiten hast, kannst du auch diese für dein **Grundgerüst** nutzen. So hast du einen guten Überblick über die anstehende Woche. Du kannst einschätzen, wo freie Zeitslots sind und dort deine Haushaltsaufgaben einplanen. Dieses Vorgehen wird dir im Alltag eine deutliche Zeitersparnis bringen, da du schneller und bewusster agieren kannst. Du stellst dir nicht mehr die Frage „Wo fange ich jetzt am besten an?“, sondern startest direkt mit den geplanten Aufgaben.

Wenn du deinen Alltag bisher noch nicht so stark durchgeplant hattest, kann das für dich eine große Umstellung sein. Am Anfang kann es auch lange dauern, deinen Plan zu erstellen. All das ist Übungssache. Je öfter du deine Woche planst, desto schneller wird es funktionieren. Bleib dran, es lohnt sich!

Um dich bei deiner Planung bestmöglich zu unterstützen, habe ich auf den folgenden Seiten ein paar Leitfragen und eine Wochenplanvorlage für dich erstellt.

Planungs *Hilfe*

Ruhe für deine Gedanken, Ordnung für deine Seele

Eine **realistische Wochenplanung** schafft dir Ruhe für deine Gedanken.
Diese Fragen **unterstützen** dich bei deiner Wochenplanung.

ZIELE

Was möchtest du erreichen?
Welche Teilziele sind möglich?

TERMINE

Welche fixen Termine stehen an?
Verschaffe dir einen Überblick!

ESSEN

Was möchtest du essen?
Was musst du dafür einkaufen?

HAUSHALT

Welche Haushaltsaufgaben fallen an?
Wann kannst du sie erledigen?

FREIZEIT

Welchen Freizeitaktivitäten
möchtest du nachgehen?

Meine *Woche*

Montag

Dienstag

Mittwoch

Donnerstag

Freitag

Samstag

Sonntag

Die Symbole sind eine kleine Gedankenstütze für dein Wohlbefinden:

- Trink ausreichend Wasser
- Schlafe genug
- Bewege dich täglich
- Iss etwas gesundes
- Sei dankbar für die kleinen Dinge

Leichtigkeit dank Wochenplanung

Die Wochen- und Haushaltsplanung soll keinen extra Stressfaktor darstellen. Ich möchte dir zeigen, dass du durch eine clevere Planung gelassener werden kannst. Wenn ich zu viel im Kopf habe, führt das dazu, dass sich meine Gedanken permanent drehen, ich nicht zur Ruhe kommen und im Zweifel doch die Hälfte vergesse. Dann liege ich abends im Bett, ärgere mich und die Gedanken kreisen weiter.

Sobald ich die Aufgaben aufschreibe, bekomme ich sofort Ruhe in mein Gedankenkarussell. Ich habe die Aufgaben **visuell** vor mir, kann besser planen und priorisieren. Ich bekomme eine gute Übersicht und weiß, was zu tun ist. Sollten sich kleine Zeitfenster ergeben, kann ich sie effektiv mit den richtigen Aufgaben füllen und denke dann auch an die Dinge, die sonst gerne mal untergehen. An vollgepackten Tagen reicht mir der Wochenplan dazu nicht aus. Dann nutze ich lieber einen Tagesplan, um mich zu strukturieren.

Nimm dir selbst den Druck raus – es muss nicht immer alles erledigt werden. Es ist fast unmöglich immer alles zu schaffen und führt nur zu Frust. Pläne dürfen sich ändern. Also nutze die Planung als **Fokus-Hilfe,** sodass die wichtigen Dinge erledigt werden. Dinge, die hintenüberfallen, kannst du in den nächsten Monat schieben.

Denke immer auch daran, Aufgaben zu delegieren. Auch wenn nur du die Übersicht hast, kannst du Aufgaben weitergeben, egal ob innerhalb der Familie oder auch an eine Haushaltshilfe.

Manchmal funktioniert ein individueller Haushaltsplan über lange Zeit gut und plötzlich kommt der Moment, wo es doch nicht mehr rundläuft. Dein Leben wandelt sich ständig, also pass auch deine Strukturen an neue Lebenssituationen an!

Checke deine aktuelle Situation: Welche Umstände haben sich geändert? Welche Routinen und Pläne passen nicht mehr zu dir? Was stresst dich? Mache dir Notizen und beobachte das Ganze ein bis zwei Wochen. Allein das Beobachten wird dir viel Klarheit bringen.

Das Ziel der Haushaltsplanung ist, dir dein Leben leichter zu machen!

Mein *Tag*

Äußere Ordnung hilft, wenn es innen noch durcheinander ist!

Termine

- [ ]
- [ ]
- [ ]
- [ ]
- [ ]

TO-DO's

- [ ]
- [ ]
- [ ]
- [ ]
- [ ]
- [ ]
- [ ]

TA-DA's (nicht geplant, trotzdem gerockt)

- [ ]
- [ ]
- [ ]
- [ ]
- [ ]
- [ ]
- [ ]

Routinen

- [ ]
- [ ]
- [ ]
- [ ]

Notizen

- [ ]
- [ ]
- [ ]
- [ ]

Timeblocking als Strategie

Wenn es dir schwerfällt, deine Planung umzusetzen, kannst du das Timeblocking für dich nutzen und noch detaillierter planen. Das Timeblocking ist eine Zeitmanagement-Strategie, die vor allem beruflich genutzt wird. Dabei wird die Woche in kleine Blöcke unter- und jedem Block eine Aufgabe zugeteilt. Beruflich können das Projekte oder Meetings sein, doch auch in der Haushaltsplanung kannst du dir das Timeblocking zunutze machen. Es hilft dir bei der Tagesplanung und kann dir ein besseres Gefühl dafür geben, womit du deine Zeit tatsächlich verbringst.

Indem du deinen geplanten Aufgaben klare Zeitabschnitte zuteilst, kannst du sie noch besser in deinen **Alltag** integrieren. Plane unbedingt auch feste Freizeit und Erholungszeit für dich ein. Trage diese Blöcke als Termin in deinen Kalender ein. So kannst du dich besser auf die Aufgaben fokussieren.

Für einige Menschen ist diese Methode viel zu aufwändig und durchgeplant, andere wiederum brauchen mehr Struktur und Orientierung, sodass diese Vorgehensweise für sie hilfreich sein kann.

Die Pomodoro-Technik für mehr Umsetzung

Wenn du Dinge gerne aufschiebst und dein Schweinehund zu oft den Ton angibt, kann sich das langfristig durch Frust und Stress negativ auf dein Wohlbefinden auswirken. Zahlreiche Ablenkungsmöglichkeiten, die sich uns bieten, machen das **Erledigen** von (unliebsamen) Aufgaben um einiges schwerer. Das kann besonders bei großen Projekten eine Hürde sein, sodass diese Projekte aufgeschoben werden.

Mit der Pomodoro-Technik werden große Aufgaben in kleine, 25-minütige Zeitintervalle eingeteilt. In dieser Zeit arbeitest du fokussiert und ohne Ablenkung an deiner Aufgabe. Ergeben sich zwischendurch andere Aufgaben, so lege sie beiseite oder mach dir eine Notiz für später. Nach jedem erledigten 25-Minuten-Intervall wird eine bewusste Pause von fünf Minuten eingelegt. In diesen Pausen kannst du dich bewegen und Energie tanken. Dann startet das nächste Pomodoro-Intervall. Nach maximal vier Intervallen wird eine große 30-minütige Pause gemacht.

Das hat folgende Vorteile:

- Du steigerst deine Motivation, da du kleine, überschaubare Intervalle hast
- Du arbeitest fokussiert und konzentriert
- Du kommst ins Tun, da große Aufgaben heruntergebrochen werden

Den Namen verdankt diese Zeitmanagement-Methode übrigens ihrem Erfinder, dem italienischen Unternehmer Francesco Cirillo, der eine Küchenuhr in Form einer Tomate (italienisch: pomodoro) dazu nutzte.

Motivation ist alles

Wenn du mit neuen Vorhaben startest, hast du zu Beginn meist ein hohes Maß an Motivation. Es ist ganz natürlich, dass diese mit der Zeit schwindet. Wenn du zu den Menschen gehörst, die sehr **diszipliniert** sind, dann wird dir das Einhalten deiner Routinen sehr leichtfallen. Egal, wie unmotiviert du bist, du ziehst es durch.

Oder gehörst du zu den Menschen, die sich nur schwer aufraffen können? Ist die Couch abends verlockender als das Aufräumen der Küche? Stell dir in solchen Situationen die Frage: „Was passiert, wenn …?“

Welche Auswirkungen hat es, wenn du deine Abendroutine heute nicht durchziehst? Vielleicht hast du morgen früh einen straffen Zeitplan und es ist wichtig, dass du pünktlich das Haus verlässt. Wenn du die Abendroutine schleifen lässt, könnte das zur Folge haben, dass der Morgen stressiger verläuft, da Dinge nicht vorbereitet sind. Im schlimmsten Fall bist du unpünktlich. Das Chaos des Abends würde sich über den gesamten nächsten Tag ziehen. Dieser Gedankengang kann Motivation genug sein, um sich zu **überwinden**. Stell dir zusätzlich einen Timer und rocke deine Abendroutine in kurzer Zeit.

Wenn du hingegen am morgigen Tag richtig viel Zeit hast, alles entspannt angehen zu lassen, keine Termine, keinen Zeitdruck, dann wird dich der Gedanke kaltlassen. Wenn du dich damit gut fühlst, dann lass die Küche einfach Küche sein!

Spontaner Besuch im Anmarsch?

Egal ob du gerade am Anfang deiner Ordnungsreise stehst oder schon eine solide Basis hast, es wird immer wieder Tage geben, an denen sich das Chaos blicken lässt.

Am Anfang dieses Buches haben wir darüber gesprochen, dass Ordnung eine Wertschätzung für dich selbst sein kann. Nichtsdestotrotz ist es vielen Menschen unangenehm, wenn sie Besuch in besonders chaotischen Räumen empfangen. So kann das Aufräumen auch eine **Wertschätzung** gegenüber deinem Besuch sein.

Gehen wir jetzt einmal davon aus, dass genau einer dieser chaotischen Tage ist. Plötzlich klingelt das Telefon und spontaner Besuch kündigt sich an. Auch wenn die Person wegen dir und nicht wegen deiner Einrichtung vorbeischaut, ist es dir unangenehm, jemanden in diesem Zustand in deine Wohnung zu lassen. Mit einem effektiven Aufräum-Quickie kannst du in Windeseile ein ordentliches und sauberes Erscheinungsbild herbeizaubern. Und vielleicht kennst du das Phänomen auch: In den zehn Minuten bevor Besuch kommt, schaffst du manchmal mehr, als an anderen Tagen in einer Stunde.

Auf welche Punkte du deinen Fokus legen solltest, verrate ich dir jetzt:

- Selbstverständlich konzentrierst du dich ausschließlich auf die Bereiche, die dein Besuch sehen wird. Schau, wo du mit wenig Aufwand den größten Effekt erzielen kannst.

- Jetzt zählt jede Minute, also kein Gang mehr mit leeren Händen! Ich nutze gerne einen Korb, um Dinge zu sammeln, die eigentlich woanders hingehören. So muss ich nicht so oft gehen und kann den Korb mit den gesammelten Sachen in einem anderen Zimmer zwischenparken.

- Wenn es muffelig ist: Fenster auf und lüften, eventuell eine Duftkerze anmachen und Müll verschließen.

- Allgemein gilt: Räume Dinge weg, die auf dem Boden herumliegen. So steht es auch um Flächen: Nichts wirkt ordentlicher, als freie Flächen.

- Der erste Eindruck zählt: Schaffe im Eingangsbereich Platz für die Besuchergarderobe. Schließe alle Türen, die vom Flur abgehen, oder lehne sie leicht an.

- Einmal kurz den Zustand des WCs checken: Die Toilette sollte sauber und der Deckel geschlossen sein. Wer Zeit hat, kann Handtücher ordentlich aufhängen und einmal die glänzenden Flächen abwischen. Diese lassen uns unbewusst ein Urteil über die Sauberkeit eines Raumes fällen.

- Wo gehst du mit deinem Besuch hin? Couch? Sitzecke? Hier einmal alles frei räumen und Kissen ordentlich hinlegen. Wohin guckt man von dort? Auch hier kurz Ordnung schaffen. Dabei alles, was nicht schnell weggeräumt werden kann, vorerst im Korb sammeln.

Spontaner Besuch im Anmarsch?

Achte auf diese Punkte:

Eingangsbereich aufräumen

Staub saugen

Küchenspüle reinigen

Flächen freiräumen

Waschbecken putzen

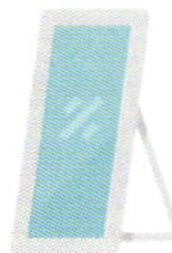
Spiegel reinigen

- Auch an die Küche denken: Wenn möglich das dreckige Geschirr in die Spülmaschine räumen. Die ist gerade voll? Dann ab damit in den Ofen, jetzt darf auch gefaked werden – nur später nicht vergessen! Essensreste im Spülbecken lassen die gesamte Küche dreckiger erscheinen. Kurz sauber machen und abtrocknen dauert nur einen kurzen Moment.

- Wer jetzt noch Zeit hat, kann schnell Staub saugen. Und auch hier wieder an den Fokus denken: quick and dirty für schnelle Ergebnisse und keine Zeit für den Feinschliff verschwenden.

So bist du bestens für jeden Spontanbesuch gerüstet!

Vergiss die Selbstfürsorge nicht

Selfcare, Me-Time, Zeit für mich: All das sind Bezeichnungen für ein wichtiges Thema, das im Alltag sehr oft untergeht. Wie du hoffentlich gemerkt hast, hat Ordnung viel mit innerem **Wohlbefinden** zu tun. Daher möchte ich dir abschließend noch einige Tipps zum Thema Selbstfürsorge mitgeben.

Ich habe das Gefühl, dass viele Menschen verlernt haben, auf ihren Körper zu hören. Nur die wenigsten nehmen sich regelmäßig und bewusst kleine Auszeiten. Wie ist das bei dir? Nimmst du dir Zeit nur für dich? Wenn nicht, solltest du das schleunigst ändern. Du denkst dir jetzt vielleicht: „Wie soll ich das denn noch unterbringen? Dafür habe ich keine Zeit." Stop! Ich spreche hier nicht von einem Wellnesswochenende. Es geht um kleine Auszeiten im Alltag.

Mach dir bitte eins bewusst: Du bist der wichtigste Mensch in deinem Leben. Du hast es **verdient**, dass es dir gut geht! Also achte auf dich und lass deine Akkus nicht ständig leerlaufen. Mache dich und dein Wohlbefinden zur Priorität. Integriere Pausen und bewusste Momente in deinen Alltag. Momente, in denen du mit dir selbst in Verbindung kommen kannst.

Vielleicht hast du kleine Kinder und/oder einen stressigen Job und der Alltag fordert dich zurzeit sehr. Gerade dann ist es wichtig, dass deine Akkus voll sind. Du kannst nicht ständig auf Reserve fahren, ohne dass dein Wohlbefinden darunter leidet.

Wenn es dir bisher nicht möglich ist, regelmäßig Kraft zu tanken, dann fordere diese Zeit aktiv bei deiner Familie ein. Suche dir Unterstützung, um **Entlastung** für dich zu finden. Denn nur wenn es dir gut geht, kannst du gut für deine Familie sorgen. Ich bin mir sicher, es wird sich positiv auf dein Umfeld auswirken, wenn es dir gut geht und du gelassener bist.

Finde heraus, was dir guttut und lasse es zum festen Bestandteil deines Alltags werden. Ich habe dir im Folgenden ein paar Ideen zusammengetragen, mit denen du ohne viel Aufwand deinen Alltag entschleunigen kannst. Erstelle dir am besten deine ganz individuelle Wohlfühl-Liste und integriere kurze Auszeiten in deinen Alltag.

Ideen für

kleine Auszeiten im Alltag

Zeit im Freien verbringen

kreativ sein

mit Herzensmenschen treffen

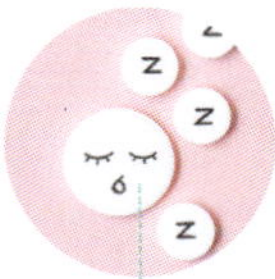

ein Nickerchen

Atemübungen

lesen

Dankbarkeitsliste erstellen

Sport

etwas Neues ausprobieren

Digital Detox

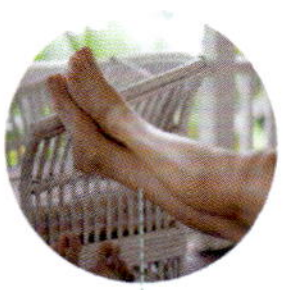

nichts tun

meditieren

Deine persönliche

Wohlfühl-Liste

Wenn dein

Zuhause

ordentlicher wird,

... gewinnst du **Zeit** für dich

... bringst du **Klarheit** in dein Leben

... lernst du dich selbst **besser** kennen

... kannst du dich mehr **fokussieren**

... überträgt sich das auf dein **Inneres**

... steigt dein **Wohlbefinden**

Nachwort

Ich hoffe sehr, dass ich dir durch dieses Buch Inspiration gegeben habe und du viele Impulse für deine individuelle Ordnungsreise für dich mitnehmen kannst.

Auch wenn du noch nicht am Ziel angekommen sein solltest, hast du den Weg zu deinem Wohlfühlzuhause begonnen und erfahren, wie befreiend es sein kann, alten Ballast loszuwerden. Nutze deine Energie und Motivation und gehe Schritt für Schritt weiter. Es kommt nicht darauf an, alles perfekt zu machen, sondern vielmehr darum, stressfrei und zufrieden den Alltag zu meistern.

Ich wünsche dir, dass du Leichtigkeit und Energie für die schönen Dinge im Leben findest.

Alles Liebe

Jennifer

Über die Autorin

Jennifer Gerbrand hat einen außergewöhnlichen Job - die Grevenbroicherin ist Ordnungscoachin. Mit ihrem Unternehmen **Freiraum Ordnung** hilft sie anderen Menschen dabei, das Chaos in den eignen vier Wänden zu beseitigen, um sich wieder wohl fühlen zu können.

Mit ihren Inhalten begeistert Jennifer mittlerweile über 175.000 Menschen auf Instagram. Unter **@freiraum_ordnung** teilt die 33-jährige wertvolle Ratschläge und eine große Portion Motivation, um Ordnung langfristig in den Alltag zu integrieren. Von allgemeinen Tipps zum Ausmisten über Faltanleitungen für mehr Platz im Kleiderschrank bis hin zu cleveren Putz-Hacks - hier ist für jeden etwas dabei. Sehr beliebt sind dabei die Wochenpläne, die jeden Sonntag erscheinen: sechs kleine Aufgaben, die im Alltag gerne aufgeschoben werden, werden gemeinsam mit der Community erledigt. Das gibt extra Motivation und tolle kleine Erfolgsmomente. So kehrt Schritt für Schritt mehr Ordnung ein.

Als Aufräumexpertin bringt Jennifer nicht nur Ordnung in verschiedene Haushalte, sie zeigt ihren Kundinnen und Kunden auch effektive Strategien, um die Ordnung langfristig beizubehalten und sorgt so für eine deutliche Vereinfachung des Alltags. Das Ziel dabei ist nicht, dass das eigene Zuhause zu jeder Zeit katalogreif aussieht. „Das eigene Zuhause sollte ein Wohlfühlort sein, kein Museum. Hier wird gelebt und wo gelebt wird, entsteht Unordnung. Es geht nicht darum, alles perfekt machen zu müssen, sondern stressfrei und zufrieden den Alltag zu meistern."

Du findest *Jennifer Gerbrand* auf Instagram auf ihrem Kanal **@freiraum_ordnung** und auf ihrem Blog **www.freiraum-ordnung.de**

Um deine Ordnungsreise zu vertiefen, kannst du bei Jennifer ein persönliches Online-Coaching buchen – Kund*innen aus ihrer Region besucht und berät Jennifer auch vor Ort in ihren Wohnungen.

Buchempfehlungen für dich

ISBN 978-3-7358-5107-9

ISBN 978-3-7358-5110-9

ISBN 978-3-7358-5077-5

ISBN 978-3-7358-5103-1

ISBN 978-3-7724-4652-8

ISBN 978-3-7724-4581-1

ISBN 978-3-7724-7806-2

ISBN 978-3-7724-4485-2

ISBN 978-3-7724-4528-6

#TOPPPROJEKT

Die eigene Kreativität zeigen: TOPPprojekt mit anderen Kreativen teilen und Teil der Gemeinschaft werden.

DIY-begeistert und auf Instagram? Dann unbedingt mitmachen! Hier gibt's Tipps und Feedback zu den eigenen Projekten. Außerdem verlosen wir jeden Monat ein Überraschungspaket. Um am Gewinnspiel teilzunehmen, einfach ein Bild vom Kreativ-Projekt aus unseren Büchern mit #TOPPprojekt posten und unserem Account @frechverlag folgen. Mehr Infos auf TOPP-kreativ.de/TOPPprojekt

Website
Auf TOPP-kreativ.de können Sie ein riesiges Angebot von über 1.000 Kreativbüchern, Sets & mehr entdecken.

Newsletter
Gleich anmelden unter: TOPP-kreativ.de/newsletter und immer als Erstes von unseren Neuheiten und Sonderaktionen erfahren.

Instagram
@frechverlag

Pinterest
pinterest.com/frechverlag

Facebook
facebook.com/frechverlag

DigiBib
Hier finden Sie zusätzlich zu vielen unserer Bücher digitale Extras, wie Video-Tutorials, Plotter-Dateien, Vorlagen, Übungsblätter & vieles mehr. Einfach im Impressum Ihres TOPP-Buchs den Freischalte-Code nachschlagen und exklusive Inhalte freischalten. TOPP-kreativ.de/digibib

Youtube
youtube.com/frechverlag

Wer wir sind, wie wir arbeiten, was wir lieben …

Auf Instagram, Facebook und Pinterest finden Sie mehr über uns und unsere Arbeit und werden immer schnell und einfach mit den neuesten Infos versorgt.

Alle News, alle Infos und alle Links finden Sie auf www.TOPP-kreativ.de

TEXT: Jennifer Gerbrand
FOTOS: Formatsphoto, Grevenbroich (alle Fotos, außer nachstehende); Shutterstock (Antonio Guillem, Seite 7; Pixel-Shot, Seite 12 & 104; Prostock-studio, Seite 13 & 116; Kostikova Natalia, Seite 26, 57, 58, 66 & 69; fizkes, Seite 29; Andrey_Popov, Seite 36; Charlie Goodall, Seite 37; Nata Bene, Seite 42; Erhan Inga, Seite 48; Xi Bai, Seite 49; New Africa, Seite 52, 68 & 96; Runglawan Khrutjaikla, Seite 54; Ground Picture, Seite 55, 65 & 86; Naty.M, Seite 56; Lukassek, Seite 60; LeManna, Seite 62; Olesya Myzzz, Seite 63; Miljan Zivkovic, Seite 65; Chontavat.M, Seite 69; Thorsten Scholz, Seite 70; Gorloff-KV, Seite 73; Philipp1983, Seite 74; donatas1205, Seite 75; Ivchenko Evgeniya, Seite 80; KlavdiyaV, Seite 87; F8 studio, Seite 89; Evgeny Atamanenko, Seite 110; DGLimages, Seite 112; Tatyana Pronina, Seite 113; Switlana Sonyashna, Seite 115)
GRAFIKEN, LISTEN & PLÄNE: Jennifer Gerbrand
PRODUKTMANAGEMENT UND LEKTORAT: Magdalena Wassen
COVERGESTALTUNG: Eva Hook
GESAMTHERSTELLUNG: Katrin Röhlig
SATZ: DOPPELPUNKT, Stuttgart
DRUCK UND BINDUNG: Neografia, Slowakei

Der Freischalte-Code für die Listen und Pläne lautet: 51492

1. Auflage 2023

ISBN 978-3-7358-5129-1 • Best.-Nr. 25129

FSC www.fsc.org MIX Papier | Fördert gute Waldnutzung FSC® C020353

Penguin Random House Verlagsgruppe FSC® N001967